MADAME MARIE DE SOLMS

# FLEURS D'ITALIE

POÉSIES ET LÉGENDES

(Édition illustrée de Gravures.)

CHAMBÉRY
IMPRIMERIE MÉNARD ET COMPAGNIE
Rue Juiverie, hôtel d'Allinges

1861

# FLEURS D'ITALIE

POÉSIES ET LÉGENDES

# FLEURS D'ITALIE

POÉSIES ET LÉGENDES

PAR

Mme MARIE DE SOLMS

CHAMBÉRY

IMPRIMERIE MÉNARD ET COMPAGNIE, RUE JUIVERIE,

HOTEL D'ALLINGES

---

1859

# AVANT-PROPOS

Frère aîné de l'espoir, souvenir du passé,
Doux soir du sentiment, plus tendre que l'aurore,
Fleur qui longtemps après ton éclat effacé
Revis dans les parfums que ton sein évapore,

C'est ton feu qui réchauffe un temps déjà glacé :
Quand le bonheur s'éteint ta lueur le redore.
Sur ta croupe à coursier qui n'est jamais lassé,
Tous les pas que l'on fit on les refait encore.

Si Josué put dire : Arrête-toi, soleil,
Dans le pouvoir des temps, par un pouvoir pareil,
L'heure que ton regard saisit reste immobile.

Tu vaux mieux que l'espoir trompeur ; j'aime mieux voir
Le lac réfléchissant ses bords dans son miroir
Que le torrent qui court vers un sable stérile.

O bonheurs disparus, beaux oiseaux envolés !
Plus on voit s'éloigner l'or de votre plumage,
Plus on le voit brillant ; tels au lointain rivage
Que l'absence embellit aux yeux des exilés,

Revenez, revenez, mes fugitifs ailés ;
Je veux entendre encor votre gentil ramage ;
Redites-moi le chant qui me plaît davantage
Dans tous les chants anciens que vous vous rappelez.

# CHANT FUNÈBRE

Sur les morts prématurées des deux Reines

## MARIE-THÉRÈSE ET MARIE-ADÉLAIDE

ET DE

## FERDINAND, DUC DE GÊNES

---

O douleur ! ô stupeur ! ô terrible mystère !
Le mal préside-t-il aux choses de la terre ?
Faut-il douter des cieux ?
Quel étrange hasard dirige donc la foudre
Qui frappe la vertu, quand elle semble absoudre
Le crime audacieux ?

Quoi ! le monde admirait un roi qui, de lui-même,
Imposant une borne à son pouvoir suprême,
A convié son peuple à se donner des lois,
Et, malgré les clameurs, poursuivant sa carrière,
Renversant des abus la gothique barrière,
Fondait sur leurs débris l'égalité des droits ;

Le peuple applaudissait un exemple si rare ;
Les soldats, se montrant le héros de Novare,
S'inclinaient devant lui ;
Une mère chérie, un frère à lui semblable,
Une épouse angélique entouraient — cercle aimable —
Son foyer réjoui :

Certe, il était heureux ; et c'était chose juste,
Et sous l'arbre royal croissait un jeune arbuste,
Et l'on aimait à voir l'honneur récompensé !...
Mais quelle joie échappe à la tombe jalouse ?
L'enfant meurt, — puis l'aïeule, — après, la jeune épouse,
Puis le frère, — en trois mois... O Dieu, Dieu courroucé !

Inclinons-nous pourtant devant la Providence :
Ses décrets sont cachés à l'humaine prudence ;
Dieu choisit ses élus !
Pour de vastes desseins si Dieu vous a fait naître,
Roi, souffrez vaillamment ; les plus grands sont peut être
Ceux qui souffrent le plus.

La vie est plus puissante au sortir d'une crise ;
L'homme fort se retrempe où le faible se brise.

Vous êtes l'homme fort que Dieu retrempe ainsi ;
Et comme il vous réserve une œuvre peu commune,
Il vous rend inflexible aux coups de la fortune,
Et vous forge un courage à l'avance endurci.

Peut-être aussi l'épouse tendre
Que vous enlève le trépas
Au ciel monte pour y défendre
Celui qu'elle aimait ici-bas.
S'il faut qu'en la divine enceinte
La voix touchante d'une sainte
Pour nous implore le Très-Haut,
Quelle sainte plus accomplie
Pourrait être mieux accueillie
De Dieu qui sait ce qu'elle vaut ?

Protégez-nous dans nos tourmentes,
Veillez sur nous du haut du ciel,
De la fleur des vertus charmantes
Vous qui composiez votre miel ;
Votre piété, noble reine,
Était la source toujours pleine
D'où ne coulaient que des bienfaits :
Et son action salutaire

Ne s'est révélée à la terre
Que par les heureux qu'elle a faits.

Il est un fanatisme sombre
Qui se dresse contre les lois,
Et, nouant ses complots dans l'ombre,
Comme un glaive brandit la croix.

Chez lui, la piété farouche
Marche la menace à la bouche,
Versant des malédictions ;
Il fait d'une loi d'indulgence
Un instrument de sa vengeance
Et le fléau des nations.

Protégez-nous contre ses trames,
Reines saintes, veillez sur nous ;
Voyez nos enfants et nos femmes
Qui vous invoquent à genoux :
L'époux en deuil, le fils sans mère,
N'échappe à sa douleur amère
Que pour être aux devoirs d'un roi....
Bénissez l'alliance intime

D'un peuple et d'un roi magnanime,
Qui l'un dans l'autre ont mis leur foi.

Roi vaillant, reprends ta pensée
Qu'a suspendue un triple deuil :
Achève l'œuvre commencée ; —
Toi, peuple, reprends ton orgueil !
Marchez appuyés l'un sur l'autre :
Une noble ardeur est la vôtre ;
Et ce règne sera fécond.....
Vous nous guidez dans nos tempêtes,
Nous vous bénirons dans nos fêtes,
Saintes patronnes du Piémont.

On voit l'image de la Vierge
Aux murs blancs des pauvres réduits ;
Devant elle on allume un cierge,
Pour elle on va cueillir le buis.
A côté de la Vierge-Mère
Vous prendrez place en la chaumière,
Reines qu'aimaient les paysans,
Et l'image des trois MARIES
De buis et d'épines fleuries
Se couronnera tous les ans.

10 février.

# A LA COMTESSE D'ALBANY

En lui envoyant la tragédie de MYRRHA

IMITATION

Il est dans l'empyrée aux sphères éternelles
De beaux anges que Dieu créa d'azur et d'or ;
De leurs corps lumineux ôtant les blanches ailes,
Dieu fait ces esprits purs, âmes-sœurs et mortelles,
Laure, Béatrix, Léonor...

Dès que se fait entendre une voix de poëte,
Dieu détache son ange et l'envoie ici-bas...
Il sait que l'homme seul est un froid interprète,
Que l'inspiration fait défaut au poëte
Qu'un feu du ciel n'échauffe pas...

Car le poëte est seul au milieu de la foule,
Haï comme un méchant, en proie aux ris moqueurs ;
Sous sa débile main l'appui tremble et s'écroule,
Et chacun de ses jours qui vers la mort s'écoule
Ne compte, hélas!... que des doulenrs...

Je poursuivais rêveur ma route solitaire,
Ivre de liberté, des cœurs presque banni,
Lorsque soudain mes yeux se détachent de terre ;
Tu m'apparais alors, divine messagère
Qu'on nomme ici-bas D'ALBANY!...

Dès ce jour le passé se ternit et s'efface ;
Les brouillards, les vapeurs et les douleurs ont fui,
Et, comme le soleil inondant tout l'espace,
En moi ce sentiment anéantit la trace
De tout ce qui n'était pas lui..,

Elle est belle et riante ; elle a sur sa figure
Et dans ses yeux d'azur éclair qui vous dit tout,
Le reflet de son âme harmonieuse et pure,
Et dans ses flots ondés sa riche chevelure
Semble l'or des moissons d'août...

Or, elle a la beauté, la parure de l'âme,
Cet appât qui d'abord attire l'œil ravi...
Mais elle a dans le cœur cette discrète flamme,
Cette bonté qui fait que j'adore la femme
Qui m'a sous les fleurs asservi...

J'ai longtemps résisté ; je sentais en moi-même
Les vains frémissements d'une austère fierté...
Hélas ! cette révolte... ah !... c'était un blasphème...
Car j'ai fait à ses pieds... et Dieu sait si je l'aime...
Abandon de ma liberté...

Et pourtant, sous le ciel n'avoir que soi pour maître,
Passer indifférent près du trône des rois.....
Et, contemplant le Dieu qui nous a donné l'être,
Juger, avec la loi qu'il nous a fait connaître,
D'ici-bas les mesquines lois.....

Libre !!! c'est se sentir des forces surhumaines...
C'est remonter la source éternelle du beau ;
C'est grandir !!... Et pourtant, aspirations vaines,
Je bénis mon servage et je baise mes chaînes,
Et je recharge mon fardeau !!...

Elle est en même temps ma pensée et ma gloire ;
Pour elle j'obtiendrai des lauriers toujours verts...
Et la postérité, qui saura notre histoire,
Peut-être lui devra de garder la mémoire
De ce pauvre faiseur de vers...

La gloire !.. l'avenir !.. ô chimères fatales
Menant au pilori, souvent au cabanon,
Vos âcres voluptés, qui font les fronts si pâles,
Sont des piéges... dorés aux forges infernales,
Au fond des antres du démon...

Quoi ! l'Arioste est là sur sa solide base, —
Torquato, prisme errant, — Pétrarque aux doux accents,
— Le grand Machiavel dont le génie embrase, —
Et Dante !... ce rayon dont la splendeur écrase ..
Oser mesurer ces géants !...

Eh bien, oui !.,. Je me sens ; je veux ; j'ai cette audace !
La gloire m'a mordu d'un désir furieux ;
Je gravirai comme eux les sommets du Parnasse,
Et, refaisant le nom de mon antique race,
Noble... je le rendrai glorieux !!!

Ciel bleu... soleil de pourpre... Italie ! Italie !...
Terre sainte des arts, centre de l'univers,
Lorsque je dormirai sous ma tâche remplie,
J'animerai tes jeux, ô ma belle patrie !..
Avec mes strophes et mes vers...

Voici le dernier né de ma muse, Madame!
C'est le cri sans écho d'un impossible amour,
Combats, déchirements, remords, toute la gamme
Du tumulte des sens, des orages de l'âme
Que j'osai produire au grand jour...

Jetez un doux regard sur cette œuvre imparfaite,
Vous qui savez si bien compâtir aux douleurs,
Car avec votre appui, *Myrrha* toute inquiète
Peut marcher hardiment et braver la tempête...
Pour vaincre elle n'a que des pleurs...

En ce monde rempli d'embûches et d'abîmes
Le poëte est souvent frappé de cécité ;
Il ne lui suffit pas d'amonceler des rimes
Ou des strophes d'amour, fussent-elles sublimes,
Pour percer son obscurité...

Avant que du Seigneur la terrible parole
Ne rappelle son ange à la splendeur du ciel,
O toi, ma Béatrix ! ô toi, ma seule idole,
Fais refléter sur moi ta céleste auréole,
Afin de me rendre immortel...

16 septembre 1853.

# UN ENFANT

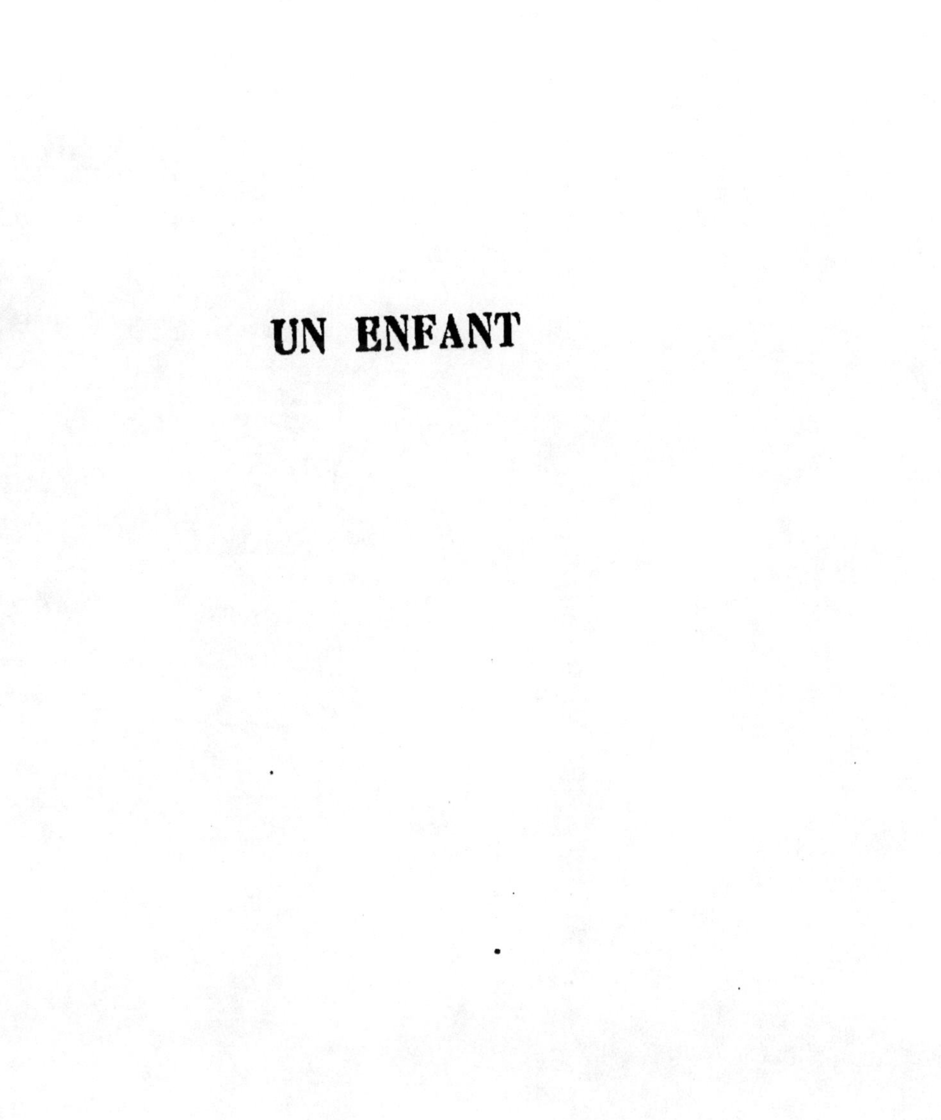

# UN ENFANT

Rêve d'un cœur épris et d'une âme jalouse,
Désir inassouvi, qui de la jeune épouse
Dans les veines en feu fait circuler le sang!
Etre heureuse deux fois, deux fois vivre!... Un enfant!
Rêve aujourd'hui, demain réalité peut-être,
Car mille âmes au ciel n'attendent plus pour naître
Dans un corps rose et frais, comme un bouton de fleur,
Qu'un mot du Créateur!

Un enfant! Que de fois ma pensée inquiète,
Le soir, au bord du lac, sous la roche discrète.
Evoqua la voix frêle et les baisers joyeux
D'un petit être aimé, d'un ange aux blonds cheveux!
Que de fois, caressant dans ma joyeuse ivresse
Ce trésor idéal de ma folle tendresse,
Mère par la pensée, à genoux dans ce lieu,
J'ai dit : Merci, mon Dieu!

Je rêvais pour mon fils honneurs, gloire, génie!
Une vie au grand jour par nulle ombre ternie!
Et j'oubliais alors, dans mon naïf orgueil,
Sur la route brillante et la lutte et l'écueil;
J'oubliais que ces biens qu'aux heureux on envie
Souvent glacent le cœur et flétrissent la vie;
Et je faisais tout bas ainsi des songes d'or,
Sans être mère encor!

Puis mon enfant, c'était la blonde jeune fille
A la démarche souple, au doux regard qui brille
Sous l'ombre de longs cils; la naïve pudeur
Sur sa joue avait mis une aimable rougeur,
— Rose dont le printemps colore la corolle, —
Et mon cœur tressaillait, joyeux de la parole
Qu'une mère envieuse avait dite en passant :
« Quelle jolie enfant! »

Rêve de mon bonheur! Illusion rapide!
Mes yeux se sont ouverts, et dans l'azur limpide
Je n'ai plus distingué que les oiseaux bénis
Qui vont chercher la feuille et l'herbe pour leurs nids;
Je les suivis longtemps dans leur course incertaine
Pour les voir, au retour du bois ou de la plaine,

Rejoindre leurs petits, qui, bruyants au réveil,
Chantent le gai soleil !

Que de fois, revenant plus triste en ma demeure,
Quand le soir du repos avait ramené l'heure,
J'ai vu près du foyer, sous le chaume attablés,
De beaux enfants s'offrir à mes regards troublés !
Leur voix disait : « ma mère ! » et la pauvre glaneuse
Qui revenait des champs me paraissait heureuse !
Et la nuit, mon esprit poursuivait confondus
Mes beaux rêves perdus !

Pourtant, j'ai de l'enfant vu l'âme fugitive
Hésiter, prête à fuir, sur sa lèvre plaintive ;
J'ai vu la mère en pleurs et le brûlant baiser
Sur ce front fiévreux qu'elle allait déposer !
J'ai compris à mon tour ses mortelles alarmes,
Je me suis dit, mêlant mes larmes à ses larmes :
Un enfant fait aimer tout, même la douleur
Qui déchire le cœur !

Oh ! c'est alors qu'on sent se doubler le courage !
D'énergie et de force un enfant est un gage !

Un enfant, doux espoir de l'époux bien aimé !
C'est de deux cœurs unis le miroir animé ?
De la douce union c'est la vie et la sève,
C'est le passé qui rit, l'avenir qui se lève,
La rosée, au matin, qui promet un beau jour,
C'est le lien d'amour !

. . . . . . . . . . . . . . .

J'ai prié... le Seigneur a béni ma prière ;
Notre enfant ! je l'ai là, sur mon sein ! je suis mère.
A qui ressemble-t-il ? nul ne le sait encor...
Mais, quand à ma chanson doucement il s'endort,
Fière, je le regarde et souvent il me semble
Voir de traits adorés les contours et l'ensemble ;
J'aime deux fois le père alors en présentant
A ses baisers l'enfant !

# LA MÈRE DÉLAISSÉE

## UN ENFANT

# CONTRASTE

## L'AMANTE DÉLAISSÉE

Doux espoir ! Hôte aimé de mon cœur frémissant
Qui mêles à ma joie une douleur amère,
Tu n'es donc plus un rêve !... hélas ! Dieu tout-puissant,
C'est donc vrai !... je suis mère !

Je suis mère ! et déjà dans mon sein agité
Quand je sens s'éveiller une seconde vie,
Je pleure et je maudis cette fécondité
Objet de mon envie.

Un enfant ! vision, rêve de chaque jour ?
Promesse de bonheur ! sainte union des âmes,
Ciel entr'ouvert aux feux d'un mutuel amour
Et paradis des femmes !

Pour d'autres ce serait le gage d'avenir,
Qu'escorte du passé le radieux cortége,
Il ne m'apporte à moi que banal souvenir,
Blasphème et sacrilége !

Un infidèle amant qui rit de mes douleurs,
Torture sans pitié mon âme à l'agonie !
L'ingrat de son amour qu'il perd et jette ailleurs
M'a donné l'ironie.

O vous, qui de là-haut, Seigneur, Dieu de bonté,
Entendez ma prière et voyez mon supplice,
Je le demande en pleurs..... de la maternité
Eloignez le calice.

Du ciel quand j'implorais le fécondant rayon,
Mon âme était ouverte aux feux que l'amour donne,
Mais du caprice ou bien d'une distraction
Je ne veux pas l'aumône.

Eh! quoi, j'aurais servi (souvenir détesté)
De jouet aux semblants d'une flamme éphémère !
Dédaignée, à mon tour je reprends ma fierté,
Je ne puis être mère !

Espoir des délaissés, Seigneur ! protégez-moi !
Laissez monter vers vous le cri de ma détresse ;
Daignez, en me rendant l'espérance et la foi,
Secourir ma faiblesse !

Mais pourquoi tout à coup le dédain triomphant
S'éloigne-t-il devant un retour de tendresse ?...
C'est que j'ai vu là-bas un jeune et bel enfant
Qu'un doux regard caresse !

Pressant contre son sein cet ange aux cheveux d'or,
Comme l'oiseau qui tient ses petits sous son aile,
La mère aime à bercer le nourrisson qu'endort
La chanson maternelle !

L'époux debout auprès de ce groupe charmant
Qui pour lui du bonheur est le gage et l'emblême,
Sent et l'orgueil du père et l'ardeur de l'amant,
En voyant ceux qu'il aime.

Saint idéal du cœur, pur amour unissant
Cette affection double et que rien ne sépare,
Que ne puis-je être aussi, même au prix de mon sang,
D'un tel bonheur avare !

Hélas ! ce doux tableau qui fait bondir mon sein,
Voile d'un nouveau deuil ma destinée amère ;
Je ne suis pas aimée, on me voue au dédain ;
Et pourtant je suis mère !

Eh bien non, je suis forte !... Au découragement,
Au sombre désespoir, à la plainte, au blasphème
Je ferai succéder un meilleur sentiment ;
Viens, mon enfant, je t'aime !

Tu t'agites déjà dans mon sein frémissant ;
Le jour où tu naîtras, jour béni que j'espère,
Je serai consolée, heureuse... en t'embrassant,
Va, j'oublierai ton père !

Oh ! oui, enfant aimé, quand tu verras le jour
Mes baisers sur ton front (maternelle caresse)
Iront chercher l'oubli de mes maux... et l'amour
Me rendra son ivresse !

Et le soir, quand, vers moi tendus, tes petits bras
Demanderont l'appui qu'une mère offre et donne,
Avant de t'endormir, cher trésor, n'est-ce pas?
Tu me diras : « Pardonne ! »

A ce mot de pardon, malgré moi j'ai souri...
Viens donc, ange espéré, mon seul amour sur terre,
Viens donner le bonheur, la joie, hôte chéri,
Au foyer solitaire.

Enfant, viens, je t'attends! j'ai chassé loin de moi
Larmes et désespoir, regret, pensée amère,
Car l'amour envolé va renaître avec toi ;
Viens... je veux être mère!...

# LA DEMOISELLE DE COMPAGNIE

# A MON AMI PONSARD

Sur son projet de mettre au théâtre

# LA DEMOISELLE DE COMPAGNIE

BOUTADE A PROPOS D'UN PROCÈS CÉLÈBRE (*).

---

Nous vivons dans un siècle étrange, en vérité !
Nous allons à rebours sans nulle utilité,
Et la cervelle humaine, abdiquant tout prestige,
A des dérèglements qui donnent le vertige.
L'époque Louis quinze, où tout n'était que fard,
Où la mode, la cour, la poésie et l'art
Obéissaient au mot donné dans une alcôve
Par une courtisane à la prunelle fauve ;

(*) Cette boutade ne saurait être appliquée à personne autour de moi et ne saurait en aucune façon blesser les charmantes jeunes filles qui vivent dans mon intérieur, et adoucissent par leur présence les amertumes de mon exil. *(Note de l'Auteur.)*

Cette époque brillante et vide, sans grandeur,
Revient-elle? — Voyez, nos modernes auteurs,
Pour frapper fort, pour mieux gonfler leurs bénéfices,
Sur un creux paradoxe entent leurs édifices,
Ils ont rendu le vice attrayant et parfait,
Et chacun à son tour, sans vergogne ils ont fait
Un accroc au vélin des légendes dorées,
Pour les Phrynès du jour à Lorette adorées.
— Ah! s'écriait Boileau, le poëte ignorant
Qui de tant de héros va choisir Childebrand!
— Et toi, naïf François, qui creuses ta cervelle
Pour en faire jaillir... — Eh quoi? — La demoiselle
De compagnie!... Oh! oh! quel superbe tableau!
Comme il manquait au monde, et comme il sera beau!
Pauvre poëte, hélas! près des hôtes tranquilles
De ton simple foyer, où, noirs sphinx immobiles
S'allongent tes grands chiens au regard amical,
Tes méditations aboutissent si mal!...
Encor si tu peignais l'hybride créature
Comme Satan l'a faite enfin, d'après nature :
Vipère au doux regard qui mord en caressant.
Mais non, tu veux en faire un être intéressant,
La poser en Vestale, en Madone, en martyre!
Erreur!... La vérité, moi je vais te la dire :

— Le château resplendit et les meubles sont vieux,
Les vivants ont les traits des antiques aïeux ;
Mais as-tu remarqué, brochant sur la famille,
Le visage étranger de cette grande fille,
Sèche, au sourire amer, étiolée, au front
Fuyant de l'égoïste, à l'œil inquiet et prompt,
Lèvre pincée? — Esprit subtil, il faut le dire,
Souvent supérieur au milieu qui l'attire ;
Portant avec ardeur mais non pas sans dépit,
Épave de l'emploi, le châle décrépit,
La dentelle fanée et les gants de Madame ;
Broyant incessamment tout le fiel de son âme,
Elle a, nature hybride et morose jalon,
Un pied dans l'antichambre, un pied dans le salon.
Elle échancre sa robe et montre son épaule,
Et veut dans le proverbe avoir son bout de rôle,
Et quand la crinoline abdiquera ses tours,
On verra ses maigreurs la regretter toujours.....
Ecoutez bien ses mots, observez sa figure :
Même dans les égards elle voit une injure!....
— Or, s'enivrant du luxe, aimant le tourbillon
Du monde, dont elle est la pâle cendrillon,
Voyant incessamment circuler autour d'elle
Les coupes d'or qu'on offre à sa soif éternelle,

Elle veut y tremper sa lèvre ardente .... mais
Sans pouvoir, ô supplice ! y parvenir jamais !
— Elle a réalisé la fiction cruelle.
— Que doit-il expier ce Tantale femelle ?
— C'est l'envie à l'œil louche, experte en trahison,
C'est l'ennemie intime au cœur de la maison,
Le taret ténébreux, l'espion de toute heure,
Qui mange votre pain et mine la demeure ;
Serviteur sans besogne, esclave sans fierté,
Ne lui demandez pas de générosité,
Car si, pour obéir à quelque discret ordre,
Elle courbe le front, c'est afin de mieux mordre.
En effet, elle veut, cette bouche qui ment,
Vous prendre votre époux, vous voler votre amant !
Ou bien, visant plus haut, car sa tête calcule ,
Pour se faire épouser, la vierge sans scrupule
Accusera vos fils, trop enclins au péché,
D'un attentat facile et qu'elle aura cherché....
— A ses façons d'agir, toutes miel et vinaigre,
Elle joindra, s'il faut, les cruautés du nègre,
Brisant les instruments de ses ambitions,
Mettant au pilori les réputations...
Puis, quand l'adversité, cette Némésis pâle,
Aura fait écrouler, aux clameurs du scandale,

La famille où coulaient ses jours aventureux,
— C'est bien fait! dira-t-elle, ils étaient trop heureux.
— Qu'elle est intéressante! ... Et dans ta comédie,
Poëte, tu lui fais part belle, je parie,
Nous sommes, diras-tu, ses bourreaux! quelle horreur!
— Non certe, elle n'est pas notre souffre-douleur,
Mais nous sommes les siens! Indulgents au possible,
Chez elle nous trouvons la roideur susceptible;
Elle est choyée en tout, — elle a les meilleurs plats,
Elle bat notre enfant quand on ne la voit pas!...
On a comme un frisson quand ses lèvres se plissent...
— Ce n'est pas sans raison que nos gens la haïssent!
— Elle gêne souvent, nuit toujours, et parfois
Nous déshonore. — Allons, poëte, je te crois
Enlacé sans retour, Laocôn poétique,
Dans les mille replis du serpent domestique!
— Tu cèdes, écrivain, à quelque pression;
La morale n'a point guidé ton action,
Et la société, qu'on raille ou qu'on accuse,
C'est la lime où la dent de la vipère s'use.
— Poëte, laisse là ce type au froid reflet;
Tu n'auras avec lui qu'un succès incomplet:
Tu ne pourras jamais faire prendre ces filles
Pour les anges gardiens du foyer des familles,

Tandis qu'elles en sont la malédiction !
— Choisis mieux tes sujets, peins-nous l'opinion,
Le calomniateur, l'argent, l'agiotage,
Le journaliste vil qu'engraisse le chantage,
Les Basiles, les sots que battait *Figaro* ;
Montre-nous le mouchard ou l'ignoble bourreau :
Mais ne nous vante plus ces pâles demoiselles :
Ces anges-là, poëte, ont de la fange aux ailes !

# STANCES

## DE CORINNE A L'ITALIE

# STANCES

DE

# CORINNE A L'ITALIE (*)

I.

Vous connaissez la terre où les myrtes fleurissent,
Et qu'un ardent soleil réchauffe avec amour ;
Où l'on entend, le soir, sous les cieux qui pâlissent,
L'oiseau mystérieux dont les chants retentissent
Jusqu'aux premiers rayons du jour.

II.

Italie ! Italie ! ô terre si féconde,
Empire du soleil, du génie et des fleurs,
Berceau sacré de l'art, reine antique du monde,
Je te salue, ô toi dont la chute profonde
A dépassé tous les malheurs !

(*) Ces stances, dites par Mlle LAURENTINE, du Vaudeville, et Mme BOUDEVILLE, de l'Odéon, qui ont créé le rôle de *Corinne*, ont excité en Italie le plus grand enthousiasme, et ont toujours été bissées. *(Note de l'Éditeur.)*

III.

Rome sur l'univers imprima son génie,
Et régna par le glaive et par la liberté;
Mais quand le Hun vainqueur détrôna l'Italie,
Le monde tout à coup — catastrophe impunie —
Fut plongé dans l'obscurité...

IV.

Mais le jour s'est levé d'une gloire immortelle,
Moisson que fit germer tant de sang répandu,
Car elle resplendit et plus noble et plus belle.
L'imagination lui rend, Sion nouvelle,
L'univers qu'elle avait perdu.

V.

Les plus beaux dons du ciel, l'art et la poésie,
Lui firent un royaume envié par les rois.
En vain ses souverains poursuivent l'hérésie,
Elle s'endort, cherchant, riche de fantaisie,
Du beau les immuables lois.

VI.

La poésie et l'art ! Voyez quelle phalange :
Arioste, Tasso, Dante, Machiavel,
Les Carrache, Titien, Giotto, Michel-Ange,
Léonard, Raphaël !... Chacun naît et se range,
Poussé par le souffle éternel !

VII.

Philosophes, savants, innombrable légende,
Enfants de ce soleil dont le foyer si pur
Enflamme le génie et toujours le commande,
Près des autres pays, que vous la faites grande
Cette Italie au ciel d'azur !

VIII.

Mais le vent a tourné, duchés et républiques
Disparaissent encor dans les noirs tourbillons...
Et l'on vit déchirer sur les places publiques
L'acte fondamental de nos droits politiques
Par la force des bataillons.

IX.

Si ton peuple est esclave, ô ma grande Italie!
Il porte noblement son joug avilissant,
Et, — consolation des rois que l'on spolie —
Il semble qu'il pardonne, il semble qu'il oublie,
L'esclave toujours frémissant!

X.

O terre d'Italie! on t'a mise au martyre
Toute baignée encore et de sang et de pleurs,
Et pourtant, sous ce joug qui t'opprime et déchire,
Tu ne cessas jamais un seul jour de produire
Pour l'homme des fruits et des fleurs.

XI.

Moi, je suis ici-bas de tout ordre exceptée;
Je vois partout la vie et du bonheur pour tous!
Seule dans mon chemin et presque rejetée,
Je n'ai pour me guider ni mère inquiétée
Ni le bras d'un époux!

XII.

Mon Dieu, pourquoi m'avoir infligé ce supplice !
Quel crime ai-je commis ? Quelle fut mon erreur ?
Ah ! ne puis-je donc pas demander qu'il finisse,
Et qu'une main amie éloigne ce calice,
Comme fit Jésus mon Sauveur ?

XIII.

La douleur dans ce monde est seule, sans limite...
J'ai soif de retrouver enfin l'éternité !
Il est temps que mon âme auprès de vous s'abrite,
Mon Dieu, lorsque mon cœur qui battait vite, vite,
Faute d'amour s'est arrêté.....

# La Vierge Romaine

# LA VIERGE ROMAINE

Le soleil dore au loin la route suburbaine,
Le Tibre jaune coule en son lit respecté ;
Tout est radieux, calme, et la cité romaine
Etale sous le ciel sa grande majesté !

Souvenirs qu'a légués l'antiquité païenne :
Colysée, acqueducs, tombeau de Métella !
Palais, temple béni de l'Eglise chrétienne !
Tout parle aux yeux, au cœur, et tout dit : « Rome est là ! »

Ruines et tombeaux à l'avenir qui veille
Montrent le noir sillon que le temps a tracé ;
Et l'âme, qu'éblouit toute grande merveille,
Demande l'espérance au culte du passé.

Sous ce ciel sans nuage on est heureux de vivre !
Chaque jour qui se lève à l'horizon vermeil
Fait éclore les fleurs dont le parfum enivre ;
Tout est jeune et joyeux sous l'éternel soleil :

Et pourtant Camilla, la brune jeune fille,
Indifférente et triste au milieu du chemin,
S'assied et laisse au loin errer son œil qui brille :
Le chagrin la pâlit et soulève son sein.

Des mots entrecoupés s'échappent de sa bouche,
Et le sourire heureux, de sa lèvre écarté,
S'est éteint et fait place à la haine farouche
Qui flétrit sa jeunesse et ternit sa beauté.

Passant et voyageur, en la voyant si belle
Et si sombre, souvent s'arrêtent en ce lieu;
Le cœur s'émeut, s'étonne, et chacun dit : « Qu'a-t-elle
« Cette naïve enfant, créature de Dieu ! »

Elle est à l'âge heureux où, foulant d'un pied libre
Le sol, et du printemps saluant le retour,
Les filles chaque soir dansent au bord du Tibre,
A l'âge où la jeunesse est ardente à l'amour !

Pourquoi ces yeux mouillés de larmes? Pleure-t-elle
L'ami de son enfance, un jeune fiancé
Qui, de la liberté soldat sûr et fidèle,
Pour avoir combattu, loin de Rome est chassé?

« Ne m'interroge point; pour une autre souffrance
« Garde, dit Camilla, ta banale pitié!
« Mon cœur brisé n'a plus la force et l'espérance;
« Il ignore à la fois l'amour et l'amitié.

« J'ai vu donner la mort à toute ma famille;
« Mon père massacré, mes frères expirants!
« A peine ai-je échappé, moi-même jeune fille,
« Aux brutales fureurs du soldat des tyrans!

« Ici, qui peut songer à la joie, à la danse?
« Danser! est-il un champ parmi les champs romains,
« Où l'on puisse, le soir, s'élancer en cadence
« Sans crainte de fouler des ossements humains?

« Tout le sang versé crie et demande vengeance:
« — Posthume repentir! inutiles remords! —
« Si quelques-uns, hier, rêvant la délivrance,
« Ont essayé la lutte, hélas! ceux-là sont morts!

« La liberté, trésor du foyer domestique,
« Enfant, remplit mon cœur de son amour sacré !
« A son saint culte, ainsi que la vestale antique,
« J'ai dévoué ma vie, et vierge je mourrai !

« J'ai chassé pour jamais l'espérance éphémère ;
« Le mortel désespoir m'a prise, et sans retour
« Je renonce aux doux noms et d'épouse et de mère ;
« Mon pays est en deuil, je n'aurai plus d'amour !

« Au serment que j'ai fait je veux rester fidèle
« Jusqu'au jour où, brisant fers et joug détesté,
« Et renaissant aux feux d'une aurore nouvelle,
« Rome aura salué l'antique liberté ! »

---

# LA PERLE SAVOYARDE

# LA PERLE SAVOYARDE

A M. Berthier, avocat.

Chaque peuple a sa part de gloire littéraire :
Si Shakespeare est toujours l'orgueil de l'Angleterre,
Mille astres radieux ailleurs embrasent l'air.
Auprès du vieux Corneille, à côté de Racine,
La France place Hugo, Béranger, Lamartine ;
L'Allemagne a Goëthe et Schiller !

Laissons aux conquérants, aux héros de la guerre
Les palmes et l'éclat d'une gloire éphémère ;
Mais les lettres toujours agitent leur flambeau
Sur l'avenir voilé, sur le présent servile ;
Sans cesse renaissant, le laurier de Virgile
Fleurit encor sur un tombeau.

Honte au pays avare, à la terre inféconde
Qui n'a ni pampre vert ni gerbe mûre et blonde !
Honte au stérile champ d'épis déshérité !
Honte bien plus encore à la terre maudite
Qui d'un nom glorieux ou d'un esprit d'élite
N'a jamais tiré vanité !

Ah ! certes, ce n'est pas à la belle Savoie
Qu'un ennemi jaloux peut se donner la joie
D'adresser désormais un reproche pareil !
Parmi les nations sans être la première,
Elle a sa part de gloire et sa part de lumière
Dans l'histoire et sous le soleil.

Aux pieds des verts coteaux, ses riantes vallées,
D'épis d'or, tour à tour, et de fleurs émaillées,
S'étendent à l'abri des roches de granit ;
C'est là que l'œil humide et que l'âme oppressée,
Le poëte rêveur laisse errer sa pensée
Dans le vague de l'infini.

Du titanesque mont la nébuleuse cime
Domine le nuage et veille sur l'abime,

Cime que foulent seuls le chamois et l'isard ;
Mais au pied du géant le lac à l'eau dormante
Balance mollement la voile blanchissante
De l'esquif qui vogue au hasard.

Des gloires que le ciel de Savoie a vu naître
Il faut au premier rang placer Xavier de Maistre :
Il est de sa patrie et l'honneur et l'orgueil ;
Ce nom, souvenir plein de poétiques charmes,
Ecrit sur une tombe, appelle encor les larmes
Et le patriotique deuil.

A d'autres demandez le roman et l'histoire,
Saluez en tous lieux la lumineuse gloire
Qui rayonne et qui met une couronne au front,
Vous ne trouverez pas d'écrivain plus sévère
Qui cache en souriant sous la forme légère
L'enseignement et la leçon.

De Maistre ! c'est l'enfant de la grande nature,
L'homme qui veut le bien et qui hait l'imposture,
Philosophe à la fois et poëte divin.
C'est l'esprit qu'a charmé parfois la fantaisie ;

C'est le cœur où fleurit toujours la poésie;
C'est le chantre du genre humain.

Il est simple, piquant; l'humour même de Sterne
Souvent auprès de lui pâlit et semble terne;
Il atteint en riant aux plus grandes hauteurs:
Quand autour de sa chambre il faisait son voyage,
Sa verve se cachait sous un frais badinage
Et sa morale sous les fleurs.

C'était le simple essai d'un esprit qui s'amuse;
Plus tard il profita des faveurs de la Muse
Dans maint autre tableau touchant au sérieux.
Qui ne sent dans son cœur l'émotion éclore,
Le soir, près du foyer, quand on relit encore
La *Sibérienne* et le *Lépreux*?

Il est là tout entier! on trouve à chaque page
De son âme sensible une sensible image;
Léger quoique profond, caustique avec douceur,
On sent en le lisant ce qu'il ressent lui-même;
Les tableaux attachants de la beauté qu'il aime
Charment l'esprit, touchent le cœur.

La mort, qui nous l'a pris presque nonagénaire,
L'a frappé loin de nous sur la terre étrangère,
Et c'est un sol glacé qui garde ce tombeau !
Jalouse d'honorer son nom et sa mémoire,
La patrie a pourtant droit de dire à l'histoire
Que la Savoie est son berceau.

Vainement tour à tour la Russie et la France
De le revendiquer ont conçu l'espérance.
Que le Sarmate esclave et l'orgueilleux Français
Gardent leur Panthéon tout ouvert pour un autre ;
Ses lauriers sont à nous et sa gloire est la nôtre :
Xavier de Maistre est Piémontais !

# POLOGNE ET ROUMANIE.

# ITALIE ET POLOGNE

## VERS IMPROVISÉS SUR L'ALBUM D'UN PROSCRIT

Italie et Pologne (on connaît leur histoire)!
Les pays qu'autrefois a fécondés la gloire,
Théâtres aujourd'hui de malheurs odieux,
Mettent le deuil au cœur, les larmes dans les yeux.
La muse voit passer ces deux grandes images,
Chênes majestueux qu'ont brisés les orages.
Saignantes, côte à côte et mariant leur deuil
Elles ont attiré notre premier coup d'œil ;
Elles s'en vont ainsi, les deux inséparables,
Sombres comme la nuit, hideuses, misérables,
Pâles et l'œil éteint, maigres à faire horreur,
Et glaçant qui les voit d'une étrange terreur :

Elles sont là sans cesse ! au milieu de nos rêves ;
Dans les cachots obscurs, sur les humides grèves,
Nous les sentons crier ! chaque nuit, tous les jours,
Menaçantes parfois, mais en larmes toujours !
Convives de malheur, ombres pâles, défaites,
Venant comme Banquo dans les royales fêtes.
Elles sont, sans appel, à tous les rendez-vous !
Italie et Pologne ! encor vous ! toujours vous !
Mais il en est encor d'autres races frappées
Que l'Europe devrait arracher aux épées :
J'en sais une surtout qui vers nous tend les mains
Et demande un vengeur pour les fils des Roumains.
Oh ! laisse ton regard, Liberté diligente,
S'arrêter bienveillant sur la terre indigente
Où flotte sans pudeur le sanglant étendard
Qu'entourent les soldats d'un cupide Hospodar !
Bucharest et Jassy doivent ouvrir leurs veines,
Se déchirer le flanc, pour ceindre de verveines
Le front d'un Polycrate ottoman qui s'endort
Quand ses Anacréons chantent la dîme d'or ;
Ecoutez cette voix qui pleure et se lamente,
Ce long cri de victime, au sein de la tourmente.
Ecoutez ! Ecoutez ! Ce ne sont pas des pleurs
Que font couler des yeux de banales douleurs :

C'est le cri de l'esclave expirant sous la chaine,
C'est l'indignation qui réveille la haine !
Oh ! vous tous qui lisez ces feuillets désolés,
Vous sentirez vos cœurs soudainement troublés ;
Au tableau déchirant de telles agonies,
Votre âme maudira toutes les tyrannies,
Et la colère au cœur et les armes aux mains,
Vous voudrez venger les derniers des Roumains !
Muse, tant qu'on verra le firman et l'ukase
Régner en Roumanie et jusques au Caucase ;
Tant qu'un peuple, oubliant Dante et Kosciusko,
Au mot de liberté restera sans écho ;
Tant qu'un être, un chrétien, un musulman, un homme,
Que ce soit Autrichien, Russe ou Turc, qu'on le nomme
Autocrate ou sultan, en n'importe quel lieu
Abusera du pouvoir confié par Dieu,
Muse, prends dans tes mains le glaive de l'Archange,
Et fais-le sans pitié retomber dans sa fange.
Et moi, qui transcrirai l'anathème divin,
Moi l'élève jaloux d'un ardent écrivain,
Je ne te laisserai sommeiller, Muse sainte,
Que lorsque je verrai s'asseoir dans chaque enceinte
Le cortége éternel de cette Liberté
Qui laissa mutiler jadis sa puberté.

Muse, sois donc sévère avant d'être clémente ;
A plus tard les loisirs, quand sévit la tourmente ;
Venge, venge d'abord les immuables lois
Qu'hier on oublia dans le congrès des rois !

# MANIN

# MANIN

---

Voyez !... le ciel soudain prend de sinistres teintes.
Écoutez !... c'est l'accent de douloureuses plaintes:
Et dans le fond du golfe où Venise s'endort
Tout semble répéter : « L'un des nôtres est mort ! »
. . . . . . . . . . . . . . . . . . . . .
Venise !... je t'ai vue en tes splendeurs passées
Répandre l'or du monde en fêtes insensées ;
Gondoles et canaux glissant sur le canal,
Les masques turbulents du fameux carnaval,
Les sénateurs, les Dix, l'espion qu'on abhorre ;
Je vis un homme, un jour, montant le Bucentaure,
Couronné de la corne et de ses cheveux blancs,
S'avancer vers le port aux mâts étincelants,

Puis jeter dans les flots verts de l'Adriatique
L'anneau d'or consacré d'une union mystique ;
C'était le dernier doge, il avait nom Manin.

. . . . . . . . . . . . . . . . . . . . . .

Hélas ! toute grandeur périt, c'est le destin !...
Venise disparaît de la face du monde,
Entre elle et le soleil se place une aile immonde,
Et l'aigle blanc s'abat, sans crainte du haro,
Sur la noble mourante, et la livre au bourreau.
Le Croate qu'on trompe est devenu complice
De ce gouvernement de schlague et de police,
Et le Vénitien, qu'on laisse à ses amours,
Se résigne, énervé, mais espérant toujours.

. . . . . . . . . . . . . . . . . . . . . .

Pendant ce temps, un homme allait sur les lagunes,
Concentrant dans son sein le fiel de ses rancunes,
Contemplant l'horizon et combien l'homme est peu
Dans cette immensité qui fait comprendre Dieu.....
Il aimait au ciel pur voir briller les étoiles,
Comme autant de clous d'or dont la nuit tend ses voiles ;
Mais un vaste projet dans son âme germait :
— Venise, disait-il, si Dieu me le permet,
Je te rendrai les jours de ta splendeur antique :
Je reconstituerai ta grande république !

. . . . . . . . . . . . . . . . . . . .

Il travaillait dans l'ombre et cherchait le moyen,
Cet homme, ce rêveur, cet obscur citoyen. . . .

. . . . . . . . . . . . . . . . . . . .

Venise un jour pourtant sort de sa léthargie ;
Du joug autrichien va-t-elle être affranchie?....
L'Europe était en flamme et détrônait ses rois,
Les peuples réclamaient leurs immuables droits,
Un cri de liberté sorti des barricades
Faisait le tour du monde au bruit des fusillades!...

. . . . . . . . . . . . . . . . . . . .

Le rêveur y répond, il chauffe les esprits,
Et le peuple à Venise agit comme à Paris!
L'aigle blanc est brûlé sur la place publique,
A ce cri triomphant : — Vive la république!
Or, ce noble avocat, du parti plébéien
C'était le petit-fils du dernier duc ; Manin.

. . . . . . . . . . . . . . . . . . . .

Venise renaissait sous la sage parole
De ce doge nouveau ; — son stylite symbole,
Le lion de Saint-Marc, va pouvoir désormais
Poser l'ongle de bronze au vélin des congrès!
L'Autrichien chassé par Venise enhardie
Se voyait enlever toute la Lombardie ;

Chaque pays conquis vengeait ses trahisons,
Les martyrs s'élançaient du fond de leurs prisons...
On respirait ! Manin, maître de sa chimère,
Était un magistrat, un tribun, mieux : un père ;
Et le chant cadencé des rameurs du Lido
Mêlait son nom sans tache aux vers de Torquato.

. . . . . . . . . . . . . . . . . . . . . . . .

Mais la réaction, ce monstre à l'œil oblique,
Guettait dans ses élans la jeune république ;
Le Croate revint, ce mercenaire blanc,
Se ruer sur Venise et déchirer son flanc...
En vain Manin demande à grands cris à la France
Les secours tant promis ; pour cette cause immense
La France reste sourde et n'a pas un soldat...
Ainsi fut consommé l'horrible assassinat !...
Hélas ! hélas !
Devant son pays qui s'écroule
Manin reste debout. Il faut que son pied foule
Désormais le rivage et la terre d'exil.
Que ne me tuait-on plutôt ! s'écriait-il.

. . . . . . . . . . . . . . . . . . . . . . . .

Il se réfugia sur le sol de la France,
Demandant au travail le pain de l'existence,
Et, vivant dans un coin ignoré de Paris,

Seul avec ses enfants, fleurs de son beau pays,
Il enseignait la langue admirable de Dante
Aux enfants insoumis de l'oisif dilettante ;
Mais au milieu des soins de cet obscur labeur,
L'œil fixé sur sa route, impassible, sans peur,
Il consultait toujours le pouls de l'Italie.
Sa fille réchauffait, ange de la patrie,
Sa grande âme aux abois, son cœur morne et souffrant
Devant le froid regard du monde indifférent...
Hélas ! la pauvre enfant, profil pur, galbe antique,
S'étiolait, mourait, loin de l'Adriatique.
En vain sa lèvre pâle au lointain souvenir....
Essayait un sourire... Hélas ! pas d'avenir...
La mort était dans l'ombre, elle emporta cet ange...

. . . . . . . . . . . . . . . . . . . . . . . .

Ces combats sans repos, cet horizon qui change
L'exil, le pain pénible, et ces afflictions
Sont-ils l'avant-coureur des malédictions ?
O douleur !.. l'Italie et Venise la belle
Ont-elles mis le pied dans la nuit éternelle,
Couvertes à jamais du suprême linceul ?...

. . . . . . . . . . . . . . . . . . . . . . . .

Manin agonisait, il allait, triste et seul,
Ce pasteur sans troupeau, ce père sans famille

Pleurer sur le gazon qui recouvrait sa fille...
Son âme n'avait plus ni miroir ni soutien,
Et ce père du peuple, et ce grand citoyen,
A force de brûler les pleurs sous ses paupières;
D'aspirer aux repos des demeures dernières,
S'éteignit, murmurant sur son lit pauvre et nu :
— L'Italie était libre, on ne l'a pas voulu.

. . . . . . . . . . . . . . . . . . . . . . . . . . . .

Et Venise, enivrée au sein des belles fêtes,
Subit l'Autrichien ivre de ses conquêtes,
S'efface dans son ombre et fuyant le soleil....

. . . . . . . . . . . . . . . . . . . . . . . . . . . .

Mais si le lion dort, il aura son réveil !

# L'ITALIE

*Aux Patriotes italiens.*

# L'ITALIE

## Aux Patriotes italiens.

Italie, Italie, ô terre des prodiges,
O terre dont la gloire égale la beauté,
En vain ton sol magique étale ses prestiges,
Ta splendeur ne dit rien à mon œil attristé.

Ah ! c'est que l'étranger opprime tes campagnes,
C'est que tes citoyens remplissent tes prisons,
C'est que je vois, du haut de tes saintes montagnes,
L'étendard autrichien flotter aux horizons.

O superbes cités que le deuil enveloppe,
Ne pourriez-vous montrer, triomphantes encor,
Les aigles que César promena dans l'Europe,
Et qui n'ont plus d'asile au lieu de leur essor ?

6

Piémontais et Lombards, peuples des Deux-Siciles,
Peuples de l'Etrurie, ô fils de Romulus,
Vous descendez d'aïeux aux chaînes indociles :
De ces fameux vainqueurs ne vous souvient-il plus?

Je soupirais ainsi, perdue en ma pensée ;
J'étais seule pleurant ta grandeur éclipsée,
Rome, quand tout à coup, au sein du Panthéon
Plus de cent mille voix ont proclamé ton nom.

O Rome, sois encor reine de l'Italie !
Rome, rappelle-toi ton passé qu'on oublie !
O Rome, redeviens la mère des héros !
Rome, réveille-toi pour des âges nouveaux !

Si l'antiquité dort au pied du Capitole,
Le trône et le tombeau des faux dieux d'autrefois,
L'avenir resplendit sur la vaste coupole
Où le Christ a posé sa croix.

De palais en palais, de ruine en ruine,
Du Tibre aux Apennins, de Venise à Messine,
Un brillant météore apparaît dans les airs ;
Il embrase le ciel, la plage et les deux mers.

L'Italie est debout, s'appuyant sur son glaive,
L'ivresse du triomphe exalte ses esprits.
O prodige ! ô bonheur ! non, ce n'est point un rêve,
La liberté rayonne au seuil des saints parvis.
Le Forum retentit d'une clameur nouvelle,
Les pompeux monuments de la ville éternelle,
Ses dômes, ses palais, son cirque, ses tombeaux
Se couronnent de fleurs, de pourpre, de flambeaux ;
La veuve des Césars, debout sur ses collines,
Porte un globe ombragé par des palmes divines.
L'Italie affranchie accomplit son destin
Et groupe ses drapeaux sur le mont Palatin.

# AUX HOMMES

# AUX HOMMES

Boutade.

On nous disait : laissez la lyre poétique
Jeunes femmes, gardez de votre âme pudique
En vous l'accent harmonieux,
L'homme en des rimes cadencées
Doit seul traduire ses pensées
Et rêver pour son front un laurier glorieux.

Je ris de ce conseil. — Vous avez la puissance
Hommes, mais nous avons l'esprit et l'élégance;
Si vous nous faites le procès
Quand nous nous avisons d'écrire
On sait bien ce qui vous inspire;
Vous êtes envieux, jaloux de nos succès.

En cet art gracieux, qu'on nomme poésie
Des femmes, en tout temps la pléiade choisie
Brilla d'une vive clarté.
Staël, sous le nom de Corinne,
Chanta l'Italie, et Delphine
Naguère célébra la gloire et la beauté.

Avez-vous oublié : faut-il qu'on vous redise
Les transports de Sapho, les plaintes d'Héloïse.
Faut-il vous lire tour à tour
Sévigné, Mercour, Deshouillères
Pourquoi nos voix libres et fières
Ne diraient-elles pas la patrie et l'amour ?

Vous voulez en nos mains briser la plume agile
Nos doigts roses pourtant savent la rendre habile ;
Et si vous ne taisez votre injuste clameur,
Nous ne chanterons plus seulement l'espérance
Et la foi ; — l'épigramme, instrument de vengeance,
Rira d'un sexe envahisseur.

Nous avons la beauté, l'esprit, la grâce, l'âme,
Pourquoi non le talent ? — Prenez garde ! la femme
Sait, quand elle y prétend, mieux que vous l'obtenir.

Sand me dit que son nom passera d'âge en âge,
Lorsque son homonyme à peine aura l'hommage
De quelque vague souvenir.

Vous prétendez en vain nous défendre d'écrire
Messieurs, — mais en ce champ dont vous briguez l'empire
Nous pouvons surpasser vos orgueilleux exploits ;
Dès que nous le voulons, votre jalouse gloire
Est par nous éclipsée ; et l'on garde mémoire
Des chants modulés par nos voix.

Toujours à vos travaux notre sexe est utile ;
— Nous pouvons mépriser, nous, votre appui stérile,
Vers, pensées, drames, tout ce qui sort de vos mains
Nous doit, convenez-en, le charme, l'existence,
Car si vous dédaignez notre douce influence
Vous faites bâiller les humains.

Allons, faites-nous place ! allons, faites silence !
— Inclinez devant nous vos fronts pleins d'arrogance !
— La poétique ardeur soudain va m'animer !...
La muse des beaux vers me conseille, m'inspire...
Ecoutez : mes accords sont fait pour vous séduire
Comme mes yeux pour vous charmer.

# LA FIANCÉE DU POÈTE

# LA FIANCÉE DU POÈTE

On ! non, ne chantons pas, n'écrivons pas ; aimons !
Sois à moi tout entier et que je t'appartienne.
— Laisse ta plume, — moi je vais jeter la mienne ;
Touches de mon clavier, n'éveillez plus les sons,
Séchez-vous, mes pinceaux dans ma boite fermée !
J'aime, je suis aimée.

Qu'en proie au feu, mes vers à jamais soient perdus !
Vingt fois pour exprimer de mes sens éperdus
L'ineffable transport, l'indicible délire,
J'essayai des accents qui ne purent suffire.
Aux entraves des vers asservissant mon cœur
Folle, je crus pouvoir traduire mon ardeur !
Ainsi je voulais rendre une terne peinture
Rivale du soleil — peintre de la nature.

Nargue tout, hors l'amour ! — l'amour seul a du prix
Gloire, talent, beauté, charmes au doux empire ;
C'est seulement pour être aimée qu'on vous désire,
Jette avec moi ta plume au loin avec mépris !
L'amour seul doit suffire à notre âme charmée,
J'aime, je suis aimée !

Oui je veux les brûler ces lourds et fades vers
Qui semblent frissonner sous le vent des hivers.
Que peuvent les accents des paroles humaines
Pour dire mon extase, ou le feu de mes veines ?
Quand le cœur bat d'amour, — il se tait, mais les yeux
Lui prêtent leur langage ardent, délicieux,
Idiome sacré, dont les âmes unies
Echangent lentement les douces harmonies.

Vois, je quitte tout pour toi : le bal, la salle en fleurs,
Les bravos que me donne une foule ravie ;
Je viens t'aimer — l'amour est tout dans cette vie !
Je t'attends, — viens répondre à mes vives ardeurs.
Fi des lauriers ! jetons la couronne embaumée !
J'aime, je suis aimée !

Aimons ; — la poésie est là — non dans ces mots
Que la rhythmique loi divise en rangs égaux,
— Que l'étroite césure en deux membres sépare,
Et que vient terminer quelque rime bizarre.
— Méprisons de tels soins ; — le temps fuit sans retour ;
Oh ! ne dérobons pas des instants à l'amour.
Un doux baiser vaut mieux que la plus belle rime !
Savoir aimer — c'est être un poëte sublime !

Fuis, gloire ; laisse-moi mon amant, mon époux !
Dissipe les rayons dont ta main l'environne !
Tu le vois, à tes pieds j'ai jeté ma couronne ;
Prestiges de nos vers, évanouissez-vous !
Ne souris plus, génie, à notre âme enflammée ;
J'aime, je suis aimée !

# RÊVERIE

## SUR LE LAC DE GENÈVE.

# RÊVERIE

## SUR LE LAC DE GENÈVE

---

I.

Dans l'écumeux sillon
De l'onde qui se plisse
En me berçant je glisse
Comme un vif alcyon.

Loin, bien loin de la grève,
Où le flot inconstant
Arrive palpitant,
Solitaire, je rêve.

II.

Oh ! dis-moi, souriante mer
A l'horizon de quelques lieues,
Pourquoi tes eaux sont aussi bleues
Que le front de l'immense éther ? (*)

Des sphères éternelles
Les vierges au front pur
La nuit y lavent-elles
Leur tunique d'azur ?

Tout ruisseau qui t'arrive
Ridé par le zéphir
A-t-il donc sur sa rive
Un sable de saphir ?

Aux bords où de tes lames
S'effrange le tapis
Ne croît-il, fleur des âmes,
Que le myosotis ?

(*) Tous les voyageurs s'étonnent du bleu magnifique des eaux du Léman. C'est ce qui nous a inspiré ces vers.

Peut-être qu'à l'aurore
Pour toi — quel beau destin ! —
En tombant se colore
Chaque pleur du matin ?...

III.

Et le lac est muet ; — mais d'une voix étrange
J'entends les sons mélodieux
Mêlés au bruit rêveur que fait l'aile d'un ange
Qui sur le front des eaux voltige radieux !
« Du lac, ô poëte,
« Qui voit et reflète
« Tout le bleu du ciel,
« Que le doux mirage
« Soit pour toi l'image
« De l'âme sans fiel.
« Dieu met sur chaque onde
« La voûte profonde,
« Océan d'iris !
« Pourtant combien d'elles,
« Miroirs infidèles,
« Roulent des flots gris !

« Aux âmes de même
« La nature, emblème
« De l'amour divin,
« Voix pure qu'embaume
« Le plus pur arome,
« Souvent parle en vain.

« Oui, souvent la haine
« De la courte chaîne
« Qui lui grince au pied,
« Dans l'âme, saint vase,
« Agite la vase
« De l'inimitié !

« Et pour cette vie
« Où Dieu la convie,
« La livre au démon,
« Telle au torrent jaune
« La tempête donne
« Le fangeux limon.

« Plus heureuse celle
« Où chaque étincelle

« D'amour, qui reluit,
« Crée ou vivifie
« Un feu qui défie
« L'égoïste nuit.

« Souriante et belle,
« Cette âme rappelle
« Ce lac gracieux
« Où chacun s'arrête
« Et, baissant la tête,
« Voit pourtant les cieux. »

# LE FILS DE THÉMISTOCLE

FABLE

# LE FILS DE THÉMISTOCLE

FABLE

Un jour en désignant son fils,
Enfant gâté de la plus rare espèce,
Thémistocle disait avec un fin souris :
« Voilà pourtant l'arbitre de la Grèce ! »
On s'étonnait.
« Il l'est, dit-il, je le soutiens.
— Et comment ?
— A ses vœux il enchaine sa mère,
« Qui me fait l'esclave des siens,
« Et je régis, moi, les Athéniens,
« Qui régissent la Grèce entière ! »
Il disait vrai, l'illustre père !

Souvent de débiles mains
Sont les pilotes des empires.
Heureux encore les humains
S'il n'en était jamais de pires !

# BETTY

## LA SOLITAIRE D'ALBY

Légende

# BETTY

## LA SOLITAIRE D'ALBY

***

### LÉGENDE

***

Teint de rose, œil ardent et regard velouté,
Démarche enchanteresse et taille souveraine,
Tout est charmant en elle : esprit, grâce et beauté,
De nos salons Betty devrait être la reine.

Le monde la réclame, et pourtant, à l'écart,
De la société secouant les entraves,
Elle a voulu se faire une existence à part,
Loin des vains préjugés dont nous sommes esclaves !

Dans ses égarements, vers l'abîme penché,
Son front garde toujours sa dignité première ;
Et le cœur le plus pur, qui n'a jamais péché,
Doit hésiter encore à lui jeter la pierre.

Brillant du faux éclat d'un prestige menteur,
Le Mal a des attraits qui sollicitent l'âme !
Et le diable est resté l'éternel séducteur
Qui redevient serpent auprès de chaque femme.

Jeune et belle, elle aimait à respirer l'encens
Des hommages discrets et de la flatterie ;
Quoi de plus naturel en un cœur de vingt ans ?
Quelle femme à cet âge est sans coquetterie ?

Esprit étincelant, sage en sa liberté,
Elle savait comprendre et l'art et ses merveilles ;
De sa bouche tombant chaque mot écouté
Enchantait à la fois le cœur et les oreilles.

Mais le monde, égoïste, a ses vulgaires lois,
Il impose à chacun son caprice frivole.
Il parle, il dit : je veux..... tout abdique ses droits,
Tout, même le génie à la pure auréole !

Betty, qui comprenait sa supériorité,
Brisant la lourde chaîne (elle avait tort sans doute)
Pour arriver plus vite à la célébrité,
A pris loin du vieux monde une plus large route.

On la blâme..... qu'importe? A ses yeux enchantés
Apparaissent bonheur et succès artistique;
L'orgueil et le plaisir, ardentes voluptés,
Ont fait un lit de fleurs à sa vie excentrique.

Elle est spirituelle, on le lui dit souvent;
Aux paroles d'amour s'épanouit son âme;
Ce sont mots vides, creux et qu'emporte le vent;
Pourtant elle les aime, elle est jeune, elle est femme!

Elle prête l'oreille à qui lui parle bas;
D'une aimable rougeur sa joue est animée;
Elle écoute en riant: car, même en n'aimant pas,
C'est si bon pour le cœur de se sentir aimée!

Hélas! le frêle esquif qu'entraîne le torrent
Suit vers le gouffre avare une pente rapide;
Un douloureux réveil suit le songe enivrant,
Au doux présent succède un avenir aride.

Betty n'a rencontré que fleurs en son chemin.....
Que Dieu, dans sa bonté, la protége et la garde!
Qui peut au plus beau jour promettre un lendemain?
Le malheur est tout près, qui veille et qui regarde!

On ne peut sans danger jouer avec le feu;
L'amour est un besoin dont l'âme en vain se sèvre,
Ses droits sont éternels : quand on en fait un jeu,
La coupe vient souvent s'offrir à notre lèvre.

Parmi les courtisans qu'enivre sa beauté,
Dont la foule auprès d'elle à toute heure s'empresse,
Il en est un sur qui son regard arrêté
Semble laisser tomber une douce caresse.

Il a vingt ans au plus! c'est l'âge où le printemps
Donne aux yeux comme aux fleurs pour séduire des armes
De la jeunesse il a les attraits tout puissants,
L'aspect grave de l'homme et de l'enfant les charmes.

Des cheveux noirs bouclés sur son front large et pur
Sans les secours de l'art retombent avec grâce,
Et son œil, dont les feux rayonnent dans l'azur,
Garde de la candeur le sceau que rien n'efface.

Sa voix persuasive et son geste discret,
Unissant la douceur à la délicatesse,
Pour subjuguer le cœur ont un pouvoir secret
Dont le charme inconnu commande la tendresse.

Betty le rencontrant, rêveur, en son chemin,
N'a pas fermé l'oreille à sa douce parole ;
A cet amour sincère elle a tendu la main :
Ce n'était plus pour elle un hommage frivole !

Bien souvent, avec lui se promenant le soir,
Elle écouta la voix qui conseille et qui prie ;
Elle avait du bonheur à l'entendre, à le voir,
Elle ne songeait plus à la coquetterie.

Il lui disait : « Betty, votre cœur généreux
« Fuit un monde rempli de préjugés vulgaires ;
« Ah ! prenez garde ! il est des sentiers dangereux
« Où s'égarent souvent les âmes téméraires.

« Laissez-moi vous aimer ; à mon affection
« Demandez du bonheur la véritable route :
« L'amour guide le cœur vers la rédemption,
« Et la foi qui le suit prend la place du doute. »

. . . . . . . . . . . . . . . . . . . . . . . . . . . . . . .

L'oreille de Betty n'a pas su se fermer
Aux accents que comprend une âme noble et bonne;
On croit toujours celui qui sait se faire aimer:
Lorsque son cœur est pris, une femme se donne.

Mais on égare en vain par de faux sentiments
Les cœurs que le vrai seul charme depuis l'enfance,
Et le temps met un terme à ces entraînements,
D'une tête exaltée ardente effervescence.

Toute femme bien née est forte par le cœur;
Betty se rit du mal qui l'entraîne et l'assiége;
De la lutte elle doit sortir avec honneur,
Sous l'appât décevant elle a bien vu le piége.

La fierté, feu sacré, brille jusqu'au tombeau,
Guide toujours présent, sauvegarde des âmes,
Et le culte éternel du vrai, du bien, du beau,
Est la foi qui soutient jeunes filles et femmes.

Le désenchantement éteint la passion
Qui dominait Betty, subjugée, étourdie ;
L'idéal que créa son imagination
A sous de faux semblants caché la perfidie.

L'illusion du cœur seule a pu l'égarer,
Et son choix, au réveil, la désole et l'indigne ;
L'amour doit être un guide et peut régénérer,
Mais il faudrait du moins que l'objet en fût digne.

Irrésolu, léger, esprit sans dignité,
Ardent pour le plaisir et les choses frivoles,
Il avait mis un masque à son front éhonté :
Ses actions toujours démentaient ses paroles.

Trompée, et désormais ne pouvant se fier
A ce vulgaire cœur, qui pour jouet l'a prise,
La désillusion va la purifier
Mieux que l'amour banal qui ne l'a pas comprise.

Réveillant dans son cœur l'orgueil et la fierté,
Sur ses vrais sentiments à la fin éclairée,
Elle veut demander au devoir respecté,
Au calme de rentrer en son âme éprouvée.

Alors, laissant briller dans toute leur splendeur
Sa beauté, son esprit et sa grâce fidèle,
Nous la verrons peut-être un jour avec bonheur
De son sexe jaloux la gloire et le modèle.

Mais Betty, cependant, n'ira pas pour cela
Chercher le tourbillon où le plaisir abonde ;
De son sein sans raison le monde l'exila,
Elle est sourde à son tour aux avances du monde.

La retraite est l'asile où le calme et la paix
Règnent, Lares pieux, gardiens du seuil antique.
C'est là qu'est le repos! et Betty désormais
Ira le demander au foyer domestique.

C'est la loi : toute faute est vouée au malheur ;
Que la punition s'accomplisse et s'achève ;
Mais si l'isolement n'exclut pas le bonheur,
A Betty, loin du monde, il reste encor le rêve.

# L'ENNEMIE COMMUNE

A Mademoiselle Zélie Orsini.

# L'ENNEMIE COMMUNE

*A Mlle Zélie Orsini.*

Séculaires forêts, orgueil de l'Amérique !
Arbres qu'a fécondés le soleil du tropique,
Sampagnes odorants, nopals et goyaviers !
Le poison inconnu se mêle à votre sève ;
Malheur à l'imprudent qui s'endort et qui rêve
A l'ombre des mancenilliers !

Parterres embaumés, massifs, fraiches corbeilles
Que viennent le matin visiter les abeilles !
Rivalité fleurie, où parfums et couleurs

Enivrent tour à tour l'odorat et la vue,
Vous cachez quelquefois ( trahison imprévue ! )
Le serpent au milieu des fleurs !

Hélas ! c'est le destin. Rien n'est complet sur terre !
L'air le plus pur apporte un poison délétère ;
Le précipice s'ouvre auprès des gazons verts !
Le chêne, nid aimé de l'oiseau qui l'habite,
Languit et meurt enfin sous le gui parasite :
Toute médaille a son revers !

A minuit, quand au bal s'animent les quadrilles,
Quand la valse bondit et que les jeunes filles
Jettent un œil d'envie aux couples tournoyants.
Quand sur un tapis vert le Pactole ruisselle,
Lorsque de mille feux le salon étincelle,
Que de regards gais et riants !

Doux instant ! le plaisir dans les yeux se reflète,
Le cœur s'épanouit aux splendeurs de la fête,
La main joyeuse s'offre à la loyale main,
Sur chaque lèvre éclose apparait le sourire ;
On est heureux de vivre, et l'on se prend à dire :
Nous danserons encor demain !

Ah ! ne vous fiez pas aux promesses du monde ;
En mirages trompeurs l'illusion féconde
Fait tout voir au travers de son prisme banal.
Comme l'arbre mortel qui croît aux colonies,
Le monde garde aussi de lentes agonies,
Et le serpent mord, même au bal !

Pendant que du plaisir la joyeuse cohorte
S'enivre et s'étourdit.... là-bas, près de la porte,
Un spectre triste et froid et debout menaçant,
Fantôme qui se dresse au milieu de la joie,
Tigre affamé qui va s'élancer sur sa proie :
La pâle calomnie attend !

La calomnie ! étrange et puissante ennemie,
Qui fait arme de tout, et note d'infamie
Le nom resté sans tache et de tous respecté ;
Du bonheur sans mélange implacable rivale,
Qui voue au ridicule et qui livre au scandale
Beauté, jeunesse et pureté !

C'est le brigand funeste, hôte des forêts sombres,
Qui, la nuit, sous le ciel qu'obscurcissent les ombres,
Pille, vole à loisir, et tue en liberté !

Effroi du voyageur que le hasard amène,
L'assassin le surprend, le terrasse, l'entraîne,
L'égorge en un coin écarté !

La calomnie ! en vain le combat ou la fuite
Essaîrait de lasser son ardente poursuite ;
On succombe souvent sans avoir combattu !
Elle profane tout : une seule parole
Peut souiller et ternir la plus pure auréole,
La plus radieuse vertu !

Quand les rêves du cœur, l'illusion de l'âme,
Désirs inassouvis et fugitive flamme,
Se flétrissent au souffle impur parti d'en bas,
Le désenchantement nous laisse sans vengeance :
Contre la calomnie il n'est pas de défense,
Et le mépris ne l'atteint pas !

A quoi bon lui donner une excuse frivole ?
Passagère, dit-on, elle frappe et s'envole !
Son stigmate jamais ne peut être effacé ;
Des maux causés par elle il reste quelque chose :
Le ver laisse sa trace aux feuilles de la rose,
Et la calomnie au passé !

Poëtes, flétrissez cette lâche ennemie.....
Pour la suivre éveillez votre muse endormie ;
Il faut la fustiger à toute heure, en tout lieu :
Dans l'ombre le larron se tapit et se cache ;
Le bourreau seulement, qui laisse voir sa hache,
Frappe et punit au nom de Dieu !

Le monde, qui jamais ne lit au fond des âmes,
Vante notre destin et dit que pour les femmes
La vie est un printemps aux éternelles fleurs :
Etrange assertion et sanglante ironie !...
Où donc est le bonheur, lorsque la calomnie
Fait si souvent couler nos pleurs ?

# L'ANGE GARDIEN

# L'ANGE GARDIEN

***

L'ingrat ne m'aime plus !... J'avais avec ivresse
Partagé les transports de sa vive tendresse.
Hélas ! ce cœur léger, vers une autre emporté,
Me trahit, me délaisse ! En ce moment suprême,
Pour lui cacher du moins combien encor je l'aime,
Reviens, reviens, ô ma fierté !

Le bonheur a fait place à la douleur amère :
A quoi bon désormais poursuivre une chimère ?
A quoi bon exhaler des regrets superflus ?

Sourd à la voix qui prie, à l'amour qui l'implore,
Je ne puis espérer de ramener encore
L'inconstant qui ne m'entend plus!

Fierté, dernier asile et refuge des âmes,
Soutien des cœurs brisés, providence des femmes,
Donne-moi pour le fuir ta force et ta vertu!
Lorsque j'invoque en vain le dédain, la colère,
Prête-moi contre lui ton appui tutélaire.....
Quoi! déjà m'abandonnes-tu?

Si tu ne réponds pas à mes plaintes stériles,
Si tu laisses couler mes larmes inutiles,
Tu me punis; c'est juste, et je l'ai mérité:
Car l'amour me possède encore toute entière,
Et quand je veux rester indifférente et fière,
Mon cœur trahit ma volonté.

Qu'il paraisse, l'ingrat! qu'un instant je le voie!
Ma douleur qui se fond a fait place à la joie.
D'un tremblement soudain mon cœur est agité;
Des mots entrecoupés se pressent sur ma bouche;
S'il m'effleure en passant, et si sa main me touche,
Je frissonne de volupté!

Ah ! du passé perdu si, retrouvant la route,
Je pouvais espérer qu'il revienne et m'écoute,
J'irais lui demander, à genoux son amour;
Je lui dirais : Rends-moi, par pitié, ta tendresse ;
Rends-moi de tes baisers la brûlante caresse !
Aime-moi ! ne fût-ce qu'un jour !

Mais, non, non... je m'abaisse... oh ! c'est assez de honte !
Le calme bienfaisant qui vers mon front remonte
Va rendre mon visage à la sérénité :
D'un véritable amour mon amour était digne,
Et lorsque je rougis enfin d'un choix indigne...
Reviens, reviens, ô ma fierté !

Gardienne, par le ciel préposée à ma garde,
Laisse mon œil sans feux quand son œil me regarde !
Fierté ! ne laisse pas mon âme se troubler ;
Chasse bien loin de moi la trompeuse espérance,
Et lorsque je tressaille, émue, en sa présence,
Défends à mes sens de parler !

La paix, grâces à toi, dans mon sein va renaître !
Réveille mon orgueil ! ma colère ! et peut-être
Ta voix et tes conseils le feront oublier !

Tes leçons autrefois ont guidé ma jeunesse ;
Viens, je t'écoute encor; car je dois sans faiblesse
Souffrir, mais non m'humilier !

Eh quoi ! je prie en vain ! tu restes impuissante !
Et tu n'as pas rendu mon âme obéissante !
Chassant les souvenirs de mon rêve effacé,
Je cherche vainement en toi ma sauvegarde !
Ah ! laisse-moi, du moins, au monde qui regarde
Cacher mon amour insensé !

Que l'ingrat surtout croie à mon indifférence !
Qu'il ne soupçonne pas ma secrète souffrance !
Et quand je cherche encor les horizons perdus,
Mets la joie à ma joue, à ma lèvre un sourire ;
Qu'il puisse, en me voyant passer heureuse et rire,
Croire que je ne l'aime plus.

Nos aïeux, aux préceptes en mêlant les exemples,
Aux vertus des héros ont élevé des temples
Pour guider nos neveux vers l'immortalité !
Oh ! va, si maintenant tu fais que je l'oublie,
Mon cœur consacrera son ardeur et sa vie
A ton culte, sainte Fierté !

Est-il certain d'ailleurs que ce soit lui que j'aime?
Je l'ai cru : mais déjà je doute de moi-même;
N'ai-je pas pour du miel bu le poison amer?
Aveuglée et cédant au penchant qui l'entraîne,
La femme sous les fleurs trouve serpent et chaîne...
Qu'importe? elle a besoin d'aimer !

Ce n'est pas lui ! — L'amour seul a surpris mon âme;
Les faux entraînements d'une brûlante flamme
Ont fourvoyé mon cœur dans sa naïveté.
Cet amant que j'aimais comme un dieu sur la terre,
Faible, partial, injuste, égoïste et vulgaire,
Etait plein de légèreté.

Et c'est pour cet ingrat que moi, jadis si fière,
De larmes j'ai flétri ma joue et ma paupière !
Ah ! vraiment, je suis folle !... et la réalité
Vient enfin mettre un terme à mon douloureux rêve.
Le voile est déchiré, mon âme se relève ;
Reviens, reviens, ô ma fierté !

# L'AMOUR

# L'AMOUR

Amour ! soleil tombé du paradis céleste,
Ah ! dis-moi s'il existe une plage funeste
Où mes regards, ouverts à la clarté du jour,
Puissent se dérober à tes rayons de flamme;
Apprends-moi s'il existe un monde, un peuple, une âme
Qui n'ait de foi dans Dieu ni d'hymne pour l'amour?

Amour ! dis-moi s'il est seulement sur la terre
Un désert, un abîme, un cachot, un cratère
Où tu n'apportes point ton autel ou ton nid?

Puis-je sous quelques cieux porter ma rêverie
Sans respirer ta fleur, sans vivre de ta vie,
Sans te trouver partout où le Seigneur bénit ?

Où pleure la rosée, où le vent tourbillonne,
Où s'écoule le flot, où le soleil rayonne,
Oui ! l'Amour est partout comme un Esprit du ciel :
Et là même où les flots et les vents s'affaiblissent,
Où se fanent les fleurs, où les astres pâlissent,
L'Amour est encore là, —comme un Ange éternel !

J'ai passé dans les bois où le feuillage tremble,
Et les grands arbres verts faisaient monter ensemble
Les baisers frissonnants vers le ciel radieux.
Rêveur sous les rosiers, pensif sous les érables,
J'écoutai des oiseaux les concerts innombrables :
C'est l'Amour qui dictait leurs chants mélodieux !

Je parcourus la plage où l'écume blanchie
Du joug de l'Océan se déroule affranchie;
Je retrouvai l'amour dans le baiser des flots ;
Et les fleurs s'inclinaient sur l'océan immense,
Et l'algue se tordait sous la houle en démence,
En chuchotant d'amour aux pieds des matelots !

Je tournai mon regard vers la céleste plaine,
Et de là-haut sur moi descendit une haleine
Qui parfuma mon front : c'était l'Amour encor.
Le ciel était beau ; douce était sa lumière ;
Et, las d'être adoré dans sa splendeur première,
Lui-même s'embrasa dans mille étoiles d'or.

Alors je contemplai la terre vaporeuse.
Une femme était là, souriante et rêveuse ;
Elle avait dans ses yeux tous les bleus firmaments.
D'amoureuses senteurs semblaient rentrer en elle ;
Tous les soleils galants éclairaient sa prunelle,
Et brûlèrent mes yeux sous leurs rayons aimants.

D'ivresse je baissai ma paupière aveuglée ;
Et, penchant doucement ma poitrine gonflée,
Je sentis qu'elle était toute pleine d'amour ;
Et ces mille rayons que j'avais vus naguère
L'un l'autre dispersés, au ciel et sur la terre
Mon cœur, comme un soleil, les dardait à son tour.

C'est pourquoi je voudrais bien savoir où mon âme
Pourrait tourner les yeux, Amour, sans voir ta flamme,
Et s'abreuver encor sans goûter à ton miel.

Car je te porte en moi comme un trésor suprême!
Le luth suit le poëte, et tu me suivras même
Dans la nuit de la tombe et dans l'azur du ciel!

# LE MAUVAIS RÊVE

# LA SŒUR JALOUSE

Que vois-je, chère enfant? ton limpide regard,
Si tendre d'ordinaire, est aujourd'hui hagard
Et d'une longue nuit atteste l'insomnie;
Ton sourire est amer, contraint... Ma douce amie,
Qu'as-tu? réponds!... Mais quoi! tes mots sont pleins d'aigreur!
Tu pleures! Serais-tu jalouse de ta sœur?

Toi jalouse de moi! c'est un rêve, je pense;
Toi, riche de beauté, de bonheur, d'espérance,
Toi, jalouse, en dépit de tes dix-huit printemps
Et de tes longs anneaux de blonds cheveux flottants!
Oh! regarde-toi donc, puis me regarde ensuite;
Et dis si tu n'es pas folle, chère petite!

Jalouse ! et qu'as-tu donc à m'envier, grand Dieu !
Est-ce ma face pâle, est-ce mon œil sans feu,
Cerclé par la douleur ? ou bien est-ce ma lèvre
Que contracte le doute et que blémit la fièvre ?
Ou ma taille débile ?... O ma sœur, juge mieux :
J'ai vingt-trois ans à peine, il est vrai ; mes cheveux,
Nattes brunes de soie, encadrent mon visage ;
Mais, flétrie, effeuillée au souffle de l'orage,
La fleur de ma beauté s'efface à tous les yeux,
Quand tu montres, enfant, ton printemps radieux !
Oh ! ne regarde pas ta sœur d'un œil d'envie !
Il est assez déjà de chagrin dans ma vie,
Voudrais-tu m'en donner un autre ? Tu soutiens,
Angèle, en tes naïfs et boudeurs entretiens,
Que j'attire sur moi les yeux, — et que l'on m'aime
Plus que toi, — car tu vis ton fiancé lui-même
Me couver longuement sous son regard. — Tu dis
Que mon aspect rêveur et que mes traits flétris
L'emportent à ses yeux sur la grâce innocente :
Oh ! ne crois pas cela ! — La rose languissante,
Et qui pend effeuillée, a-t-elle fait jamais
Dédaigner le bouton naissant, vermeil et frais
Que retient prisonnier encore un vert calice ?

Allons, mon ange, allons ! chasse l'humeur qui plisse
Ton front candide et pur ; — ô ma sœur, souris-moi !
Que ce rêve affligeant s'envole loin de toi !
Oui, reprends ta gaîté, ta folle insouciance.
Jalouse de ta sœur ! — Oh ! n'était la souffrance
Qui t'a fait éprouver cet amer sentiment,
Combien j'en serais fière !...
Ah ! viens, ange charmant,
Viens me donner ton front à baiser ; donne, donne ;
Ne cache pas ta face en mon sein, — je pardonne.
Tu taisais ton secret, — mais je l'ai découvert :
C'est qu'on est clairvoyant alors qu'on a souffert ;
Et j'ai bien souffert, moi. — Ne rougis pas, amie !

J'aimais un homme. — Eh bien ! cet homme, il m'a trahie !
Je fus par mon pays méconnue, — et sur moi,
Parce que je n'ai pas voulu suivre leur loi,
Les cœurs bas ont jeté le venin de leur rage ;
Les hommes, dont la foule encombrait mon passage,
Ne purent me donner la couronne d'amour,
— (Mon âme dès longtemps est close sans retour ;)
Ils m'ont donné la gloire ; — on dit qu'elle console ;
Si tu savais combien pèse cette auréole,
Oh ! tu n'oserais plus, ma sœur, me l'envier.

Sans famille, sans lien, sans amour, sans foyer,
Je règne, — mais je suis triste et je fais silence.
Quand nous portons au front les plis de la souffrance,
Les hommes y croient voir le génie, et pour eux
Les sillons du malheur sont des traits lumineux
Qu'ils entourent bientôt du prestige suprême.

Ah! ne vois pas ainsi, toi, — car ce diadème,
C'est la déception, hélas! qui l'a tressé;
De tourments et d'ennuis il est tout hérissé;
Ne le désire pas sur ton front, mon Angèle,
J'étais, comme toi, jeune, et gracieuse, et belle;
La foule m'appelait *la promise d'un roi*,
Et les plus hauts destins semblaient obscurs pour moi.
Hélas! gloire, beauté, jeunesse, intelligence,
J'ai vu, moi, tout cela s'enfuir sans espérance!

Tu m'oses envier mes talents, lorsque Dieu
Fait sans cesse briller la joie en ton œil bleu?
Mes talents, les aurais-je acquis étant heureuse?
— Non! la félicité, ma chère, est paresseuse.
— Tu voudrais échanger ton rire pour mes pleurs!
Pourquoi veux-tu du sort appeler les rigueurs?

J'en subis tous les jours les atteintes cruelles;
Et chantant mes douleurs, je m'incline sous elles....

Mais je t'ai convaincue, ange, et tu me souris;
Des bienfaits méconnus tu reconnais le prix :
Quelle joie! — Oui, je vois luire sur ton visage
Le bonheur au travers des larmes de ton âge.
— Oh! viens m'aider à vivre, — enfant, viens me chérir!
Tu m'aideras bientôt.... oui, bientôt à mourir.

Que je te trouve belle ainsi! — ma sœur aimée.
Qu'il est beau ce profil aux lignes de camée!
Quel lis l'emporterait sur ce teint vierge et pur!
Qu'il est doux le souris perlant tes yeux d'azur!
Quelle fraîcheur est peinte au velours de ta joue!
On dirait un fruit mûr où la lumière joue
En y laissant empreints ses rayons éclatants!

Oui, tout respire en toi la force, le printemps,
Le bonheur, la santé, l'amour.... enfin la vie!
Et cependant, ma sœur, tu me portais envie.
— C'est quelque farfadet jaloux de ton bonheur
Qui souffla ce maudit caprice dans ton cœur;

Quand il mit dans tes yeux cet éclair de colère,
Il voulait m'enlever ton amitié si chère...
Allons, mon enfant, dis qu'elle est vieille, ta sœur,
« *Qu'elle est pédante, sotte et laide à faire peur;* »
Dis qu'elle a bien souffert, — oh! mais, daigne la croire,
Te chérir maintenant est son unique gloire,
Et si, chose impossible, il lui restait encor
Un charme qui troublât ton bonheur, doux trésor,
Elle le détruirait comme une arme fatale,
Plutôt que d'être *un jour*, *une heure* ta rivale!

# Les Anglais dans l'Inde

# LES ANGLAIS DANS L'INDE

De Golconde à Delhi, de Madras à Lahore,
Le ciel est toujours bleu, le soleil brûle et dore
Des fleuves éternels les rivages sacrés,
L'Indien silencieux, le front dans la poussière,
Se prosterne devant les images de pierre
De ses Dieux révérés !

Pourtant la mort est là ! Les champs comme la ville,
Théâtre des horreurs de la guerre civile,
Ont des tombeaux ouverts qu'évite le passant ;
Même au désert lointain, ignoré de la foule,
Le gazon vierge encor que le voyageur foule
Est humide de sang !

Posséder à la fois l'Océan et la terre,
Etre reine du monde! orgueilleuse Angleterre,
Voilà le rêve aimé de ton ambition;
Rule Britannia! c'est ta vieille devise!
Mais ton joug est trop lourd, l'Inde secoue et brise
Ta longue oppression.

Sur le sort de tes fils massacrés là-bas, pleure!
Ils auraient pu défendre une cause meilleure!
Mais loin du sol natal, soldats et généraux,
Ont du moins soutenu l'honneur de ta bannière.
Et tout en les pleurant, tu peux en être fière:
Ils sont morts en héros!

Lorsque de l'Aventin jusques au Janicule,
Les sénateurs romains, sur leur chaise curule,
Attendaient sans pâlir la mort et les Gaulois,
Ils n'étaient pas vraiment plus résignés, plus froids
Que les six cents Anglais, qui, tombés dans un piége,
De l'insurrection ont soutenu le siége.
Ils se croyaient sauvés, loin des murs de Cawnpour,
Le cipaye avait fui la veille... mais au jour,
Cernés de toutes parts par la terrible émeute
Aux sinistres clameurs de la hurlante meute

Ils comprirent, hélas! qu'ils étaient bien perdus!
Et l'aspect de la mort ne les a pas émus!

L'hopital qu'on achève est leur suprême asile;
Les femmes, les enfants, troupe faible, inutile,
S'entassent à l'abri de ce dernier rempart
Où flottent les lambeaux d'un sanglant étendard;
Et quoiqu'ils aient au seuil laissé toute espérance,
Les hommes cependant songent à la défense:
Réveillant leur courage, ils ne se rendent pas,
Ils veulent résister et mourir en soldats.
Rares sont leurs fusils et plus rare est leur poudre;
Mais ils visent longtemps, leurs balles comme la foudre,
Messagères de mort, qui déciment les rangs,
Arrachent un blasphème aux insurgés mourants.

Dans cet espace étroit, que de douleurs encore!
Le toit est en ruine, et le soleil dévore
Ces corps à demi nus sur la terre pressés!
Les visages pâlis et les regards glacés
Révèlent tristement la faim et ses tortures,
Et pourtant pas de cris! ni plaintes ni murmures;
Mais lorsque de prier vient l'instant solennel
Ils font monter en chœur leurs voix vers l'Eternel,

La douleur un instant diminue et s'efface!
Que la balle qui siffle ou le boulet qui passe,
Arrête sur leur lèvre un hymne commencé
Et les frappe à genoux.... le chant n'a pas cessé,
Le pasteur, essuyant son humide paupière,
Ajoute seulement : « Encore une prière
« Pour nos frères, au ciel qui viennent de monter ! »

Ils sont morts en héros ! je dois le répéter,
Mais, en rendant hommage au suprême héroïsme,
En louant des Anglais le rare stoïcisme,
Le poëte s'arrête et craint de regretter
L'enthousiasme faux qui pourrait l'emporter.
A quoi bon leur promettre une éternelle gloire
Et les justes faveurs de l'avenir? l'histoire
Ne conserve et ne lègue à la postérité
Que les noms des soldats morts pour la liberté,
Mais elle n'ouvre pas ses sévères annales
Aux illustrations menteuses ou banales;
Jeanne d'Arc, Washington, Léonidas, Brutus :
Voilà ceux dont elle aime à chanter les vertus !
Quiconque peut servir une mauvaise cause
Sur des lauriers bien vite effeuillés se repose :

Son seul but ici-bas, sa seule passion,
C'est l'orgueil personnel, la basse ambition,
S'il a, vainqueur illustre, en un lointain rivage
Par les armes réduit un peuple en esclavage,
Un jour il brillera d'un éclat emprunté ;
Mais si, par le trépas dans sa course arrêté,
Il tombe enfin, frappé sur les champs de batailles,
Il tombe tout entier : des grandes funérailles
La vanité posthume en vain s'enorgueillit,
Et les tyrans tombés s'endorment dans l'oubli !

Que l'Angleterre en deuil pour ses fils ait des larmes,
Qu'elle pleure sa honte et l'échec de ses armes,
Respectons sa douleur et ses sombres alarmes !
Mais espérons du moins qu'elle pourra tirer
Du coup qui l'a frappée une leçon suprême :
L'avenir la menace, et c'est sur elle-même
Qu'elle devrait pleurer !

II.

Le jour où le vaisseau qui sur la vague grise
Six mois a vogué, balloté

Entre au port, et fendant les eaux de la Tamise,
Aborde aux quais de la cité :

Un hurra le salue, et la foule empressée
Des curieux et des marchands
Calcule avidement la richesse entassée
Que recèlent ses larges flancs.

Peut-être apporte-t-il d'une lointaine plage
Un rare et précieux trésor ?
Qu'importe ! pour l'Anglais ce n'est qu'un arrivage
Qui lui promet des monceaux d'or.

Admirable produit d'une féconde terre :
L'indigo, le riz ou le thé
Sous le ciel gris et froid de l'avare Angleterre
Des bords du Gange est apporté.

Les écharpes de l'Inde, aux fines broderies
Et les grands châles vert-d'émir.
Qui voilent de leurs plis l'épaule des ladyes,
Sont arrivés de Cachemyr.

Aliments du commerce et messagers de joie
Exilés des heureux climats,
Du ciel qui vers l'Europe à regret les envoie,
Quels parfums n'apportent-il pas ?

Si ces témoins muets pouvaient parler et dire
Quels doux pays ils ont quittés !
Que de rudes labeurs et parfois quel martyre
Au peuple esclave ils ont coûtés !

Ils diraient au marchand que la richesse enivre,
Que malgré son avidité,
Au travail qui le fait riche et puissant pour vivre,
Il faut au moins la liberté !

Ce n'était pas assez que l'Angleterre avide
De l'Inde eût déjà la moitié,
Contre une nation asservie et timide,
Sa tyrannie est sans pitié ;

Ce n'était pas assez, à l'autre bout du monde,
D'accaparer et fruits et fleurs ;

Elle attache l'esclave à la glèbe féconde,
Elle savoure ses douleurs!

Ce n'était pas assez, — il faut à sa couronne
Un dernier et sanglant fleuron.
Pour mieux s'emparer d'Oude elle renverse un trône
Et jette un monarque en prison.

III.

Champs aimés de Brahma, prés et plaine fertile
Que ne creusa jamais la charrue inutile,
Sol toujours couronné de fleurs et de moissons,
Quels fléaux contre vous ont déchaîné leur rage?
Quel vent dévastateur, messager de l'orage,
Dessèche vos sillons?

Gange majestueux! fleuve pur et limpide,
Dans le sillage d'or de la Cange rapide,
Tu reflétais hier les voûtes du ciel bleu!
Quel sang souille ta rive? et quel sombre mirage
Allume dans tes flots l'étincelante image
De vingt villes en feu?

Immuable Vichnou! quelles sinistres torches
De ton temple désert illuminent les porches?
A cette heure où la nuit est reine dans les cieux,
Quels cris de désespoir s'élancent des ténèbres?
Quelle main a jonché de guirlandes funèbres
Ton seuil silencieux?

C'est que l'ange de mort a couvert de ses ailes
Les enfants de Brahma restés encor fidèles!
Et comme il est écrit au livre de Veda,
C'est qu'enfin est venu le jour où les abîmes
S'ouvrent pour engloutir les sanglantes victimes
Que réclame Siva.

Ah! l'Indien calme et froid qu'on pille et qu'on dépouille
Des bords qui l'ont vu naître et que sa sueur mouille,
S'incline indifférent devant l'oppression;
Il a des résignés la patience austère:
Mais si le tyran touche aux choses qu'il révère,
L'agneau devient lion.

Esclaves à la fois, les hommes et la terre
Ne donnent point encore assez à l'Angleterre.
Prise d'enthousiasme et de zèle soudain,

Elle veut, jusqu'aux dieux, que tout plie et tout change ;
Et, dans sa folle ardeur, elle demande au Gange
L'eau sainte du Jourdain ! !

Insensée ! oubliant que l'Egypte conquise,
Après avoir gémi sous le joug de Cambyse,
Au fils du grand Cyrus réservait un tombeau,
De l'aveugle monarque elle suit les exemples,
Elle prend à l'Indien sa mosquée et ses temples
Pour un culte nouveau !

Appelez propagande ou bien prosélytisme
Vos froides cruautés et votre fanatisme ;
Mais la vengeance veille à Cawnpour, à Delhi !
D'un espoir odieux en vain l'Anglais se berce ;
Car le sang répandu, sur la main qui le verse
Souvent a rejailli !

Sleeman et Whuler, noms voués à l'anathème,
Vous vouliez sur les fronts verser l'eau du baptême ;
La mort a déjoué vos insignes desseins ;
Votre œuvre par le ciel n'a pas été bénie ;
Le monde entier vous juge, et c'est par ironie
Qu'on vous appelait saints !

C'est de Mirah que part la première étincelle,
Et comme le salpêtre en tas qu'on amoncelle
S'allume au moindre choc et fait explosion,
D'une révolte naît la révolution.
Triste jour à noter parmi les jours néfastes !
Pour pouvoir à son gré niveler rangs et castes,
L'Angleterre a choisi la profanation !

Le regard de Brahma féconde la nature;
Il a donné la vie à toute créature;
Et ceux des animaux qui lui sont consacrés,
Respectés de la foule, à l'Indien sont sacrés.
Le Brahmine pieux aux tranquilles génisses
De la blonde moisson présente les prémices,
Et, prosterné devant leur calme majesté,
Y trouve le reflet de la Divinité !
L'Anglais seul, outrageant un culte séculaire,
Ne laisse point oisif son glaive sanguinaire;
De la sanglante chair faisant un aliment,
Il impose à l'esclave un dernier châtiment.
La graisse, objet d'horreur que nulle main ne touche,
D'un appât sacrilége enduit chaque cartouche.
Il faut, pour accomplir des ordres imprudents,
Que le soldat la porte à sa lèvre, à ses dents !

Etrange aveuglement... Le cipaye, en silence,
A ne point obéir borne sa résistance.
L'officier indigène, immobile, éperdu,
Pense naïvement avoir mal entendu !
Mais l'ordre se répète... on résiste... le maitre
Veut punir sur-le-champ le rebelle et le traitre,
Du refus général sans chercher la raison,
Il ordonne que tous soient jetés en prison ;
L'Indien qu'abâtardit la longue servitude
Se laisse désarmer ! Il n'a pas l'habitude
De résister longtemps ; mais plutôt qu'être impur,
Il accepte les fers et le cachot obscur.

Quand la nuit est venue et de ses sombres voiles
A jeté les plis noirs sur le ciel sans étoiles,
On entend tout à coup une grande rumeur,
Et Mirah retentit d'une immense clameur !
C'est le cri de l'émeute et la voix de la foule,
Dont la colère, enfin victorieuse, foule
Les obstacles en vain sous ses pas entassés.
La prison est ouverte et les fers sont brisés !
Un instant réunis sur la déserte place,
Le vainqueur tend les bras au captif qu'il embrasse ;
Mais avant le réveil de l'Anglais redouté,

Il faut aller au loin chercher la liberté.
Les chevaux sont tout prêts : brûlant d'impatience,
En selle sans retard le prisonnier s'élance,
Et quand à l'horizon le soleil a lui,
Il éclaire de tous la fuite vers Delhi ;
De tous côtés bientôt la lutte s'organise :
A Cawnpour, à Luknow, par force ou par surprise,
La révolte grandit, c'est l'heure des combats ;
A Bénarès, ô honte ! on promet aux soldats
De couvrir d'un pardon la désobéissance
De ceux qui n'auront pas tenté la résistance ;
Et, quand ils ont jeté, honteux et frémissants,
Leurs armes sous les pieds des chevaux hennissants,
Un régiment anglais les cerne et les fusille !...
Ce sont-là les exploits où l'Angleterre brille ! !
Le centre et le foyer de l'insurrection,
C'est Delhi ; la colère et l'indignation
Que dans ces murs sacrés chaque cipaye apporte,
Des rebelles bientôt a grossi la cohorte.
On chasse l'étranger, et l'antique rempart
Voit tomber d'*Albion* le sanglant étendard.
Le grand *Mogol*, vieillard qu'un tel honneur étonne,
N'offre qu'en hésitant son front à la couronne ;
Le sceptre semble lourd à ce bras affaibli

Que la captivité plus que l'âge a vieilli.
Mais quand on fait appel à son patriotisme,
Sa résignation se change en héroïsme.
A sa voix, les Indiens trop longtemps outragés,
Jurent de se défendre et de mourir vengés.
Redoutant à la fois et l'attaque et le piége,
La ville se prépare à soutenir un siége :
Pour vivre elle a du riz et l'eau de la Jumma ;
Pour combattre elle a foi dans l'appui de Brahma.

IV.

Mais tout n'est pas fini ; la première panique
Un instant émoussa le glaive britannique ;
L'oppresseur se réveille et la rébellion
Fait en vain un appel à la compassion.
C'est la rage et l'orgueil qui font couler ses larmes ;
Il veut une revanche, il la demande aux armes :
Delhi sera repris, Bénarès et Cawnpour
Redeviendront bientôt esclaves à leur tour !
Et du pauvre vieux roi l'éphémère couronne
Sera l'auréole où le martyre fleuronne !

Pour laver son affront, le vainqueur tout puissant
Autour de lui fera couler des flots de sang.
Coupables, innocents, enfants, vieillards et femmes,
Egorgés sans pitié, périront dans les flammes.
L'Anglais fera, rêvant aux supplices sans noms,
Attacher le cipaye aux gueules des canons !

Ah ! prenez garde, Anglais ! sur les champs de bataille
Ne poussez pas trop loin l'ardeur des représailles !
Ne donnez pas carrière à votre cruauté :
Vous n'aurez pas toujours droit à l'impunité.
Si l'Inde quelque jour ne peut plus se défendre,
Craignez encor les feux endormis sous la cendre,
La justice de Dieu frappe d'aveuglement
Le puissant qui s'endort dans son enivrement.
Sur un trône sanglant la raison abandonne
L'oppresseur qui punit et jamais ne pardonne ;
Et le tyran qui tombe obscur et sans combat,
Porte envie en mourant à la mort du soldat.
Qui peut dire aujourd'hui ce que l'avenir garde
A l'Inde que toujours un doux soleil regarde?
Quand, secouant le joug de tyranniques lois,
Les peuples comprendront leurs devoirs et leurs droits.

La liberté, qui doit faire le tour du monde,
Un jour s'arrêtera sur la terre féconde
Que la vieille Angleterre a volée aux Indiens ;
Alors le voyageur venu des bords chrétiens
Verra, rempli d'effroi, sur les rives du Gange
Jusqu'où va le courroux d'un peuple qui se venge.

# LA ROBE D'ARGENT

# LA ROBE D'ARGENT

Traduction de Ruckert.

Moi, t'en vouloir, mon Dieu ! mais ce serait indigne
Est-ce ta faute, à toi, s'il t'offre son amour,
Cet ingrat qui de lui ne me trouvant plus digne
Me dédaigne, m'oublie et me fuit sans retour ?

Rêves de mon bonheur ! éternelle espérance !
Vous n'êtes que mensonge et vaine illusion ;
Le réveil a sonné : le châtiment commence :
Dieu condamne ma faute à l'expiation !

Il t'aime... Destinée et bizarre et fatale !
Je suis abandonnée, et n'ai pas la douceur
De pouvoir à mon gré maudire ma rivale :
Pour l'aimer à ma place il a choisi ma sœur.

Je l'aimais trop, hélas ! et je suis la victime
De cet aveuglement qui ne l'a pas touché ;
C'est affreux ! mais qui donc pense à te faire un crime
De son amour soudain que tu n'as point cherché ?

Il t'aime, cher enfant, et ta fraiche jeunesse
N'a pas sollicité, n'est-ce pas, cet honneur ?
Tu n'aurais pas voulu, m'enlevant sa tendresse
Assurer ton triomphe au prix de mon bonheur ?

Ton cœur est généreux, ton âme bonne et pure,
Tu n'aurais pas réduit ta sœur au désespoir.
Il a trahi sa foi ! je maudis le parjure ;
Mais à toi, pauvre enfant, je ne puis en vouloir !

Dieu juste qui punit la faute et l'inconstance,
L'a pour mon châtiment arraché de mes bras ;
Dieu juste contre lui défend ton innocence.
Il t'aime, le perfide ; toi, tu ne l'aimes pas !

Il était tout pour moi, vie, espoir ! Pauvre folle !
Et pourtant c'est à toi qu'il pensait dans mes bras !
Lorsqu'une femme ainsi sacrifie à l'idole,
On a beau l'essayer, on ne la trompe pas !

Révélant la pensée intime ou bien secrète,
Les yeux du bien-aimé deviennent un miroir
Où plaisirs et chagrins, remords, tout se reflète ;
Jusque dans ses replis l'âme s'y laisse voir.

Livre toujours ouvert, dont j'ai lu chaque page,
Son cœur ne peut avoir de secret pour mon cœur.
Va, ce sont tes doux yeux et ton joyeux visage
Qui bercent son sommeil, chère petite sœur.

Il t'aime... et cet amour, trahison imprévue,
Entre nous deux encor a laissé l'union,
Puisque je garde en lui cette seconde vue
Des transports partagés sainte communion !

Je veux en vain dompter la douleur qui m'oppresse,
Mon rêve fuit devant le réveil odieux !
Il t'aime, car jamais la passion, l'ivresse
Ne mirent près de moi tant d'amour dans ses yeux.

Il était cependant heureux en ma présence !
Mais je n'eus pas pour lui ce prestige inconnu
Qu'autour de toi répand ta joyeuse innocence,
Rayon étincelant d'un regard contenu !

Il t'aime... malgré moi, la froide jalousie,
La haine dans mon cœur cherchent à se glisser ;
Chassons-les, c'est ma faute, et puisqu'il t'a choisie,
C'est que, sans le vouloir, tu devais m'éclipser.

N'es-tu pas jeune, aimable et bonne autant que belle ?
Ton cœur, comme ton front, miroir de pureté
Se trahit tout entier quand ton œil étincelle.
Le printemps de ses fleurs a paré ta beauté !

Te haïr ?... Eh, le puis-je ? Enfant je t'ai bercée,
De notre heureuse enfance ai-je oublié les jeux ?
Et je revois encor, trace à peine effacée,
Ces larmes que ma bouche essuya sur tes yeux.

Le même sang circule et coule dans nos veines ;
Pour notre affection c'est un lien sacré,
Je conserve pour lui ma colère et mes haines,
Toi, tu gardes ta place en mon cœur déchiré.

Quoique ton doux regard et ton joyeux sourire
Soient pour moi du malheur l'aiguillon acéré,
Je t'aime trop, enfant, pour jamais te maudire,
Et ma douleur s'exhale en larmes : j'ai pleuré !

Pourquoi, dans sa bonté, Dieu tout-puissant qui donne
Secours aux affligés, courage aux malheureux,
M'a-t-il donc refusé la grâce et la couronne
Qu'aux fronts de dix-huit ans mettent de blonds cheveux?

Vains regrets, vœux tardifs et plaintes inutiles,
Tu pleures aussi, viens sur mon cœur, dans mes bras ;
Laisse à moi seule deuil, douleurs, larmes stériles :
Tu n'as pas fait mon mal, ne t'en afflige pas.

Pardonne, je t'en prie, ô mon cher petit ange,
Si je t'ai fait ainsi partager mon tourment !
Et puisque c'est pour toi qu'il me quitte et qu'il change,
Je comprends l'abandon de l'infidèle amant.

Son dédain est cruel et son mépris horrible ;
Mais s'il avait ailleurs porté sa trahison,
Pour celle qu'il trahit ce serait plus terrible :
Il t'aime, et c'est encor ma consolation !

Il t'aime... je le sais, quand lui-même l'ignore :
Et quand il n'ose pas t'adresser un aveu,
Il t'aime, car ses yeux te disent qu'il t'adore,
Ses yeux qui près de toi brillent d'un nouveau feu.

Oh ! si tu l'avais vu, triste et froid, tout à l'heure
Se lever tout à coup, pâlir d'émotion
Lorsqu'il te vit entrer brillante en ma demeure,
Qu'illumina soudain ton apparition.

Tu n'a pas remarqué, toi qui n'es pas coquette,
Avec combien d'ardeur ses regards arrêtés,
Dévorant ta figure et ta riche toilette,
Interrogeaient ta robe aux reflets argentés.

L'Italien qui prie aux pieds de sa madone,
Le Fakir sur le seuil du temple de Brahma,
L'esclave bénissant le maître qui pardonne,
N'ont point l'expression dont son œil s'anima.

Lorsque d'un tel amour j'ai vu t'offrir l'hommage,
Un instant j'ai formé de sinistres projets,
Et mon cœur s'est gonflé de rancune et de rage,
J'ai maudit son extase, et... je la partageais.

Tu m'apparus alors belle entre les plus belles,
Armant innocemment ta candide beauté
Contre l'indifférence et les regards rebelles
Des attraits tout-puissants de la naïveté.

Ce n'est pas ta jeunesse, enfant, que je t'envie
(J'eus dix-huit ans aussi, maintenant c'est ton tour),
Ce n'est pas le bonheur que te promet la vie,
Ce n'est pas ta beauté ; non, va, c'est son amour.

J'aurais donné pour lui tous mes biens en ce monde,
Ecrins étincelants et bijoux enviés ;
Eussé-je possédé les trésors de Golconde,
J'aurais sans un regret jeté tout à ses pieds.

O mes cheveux d'ébène et vous nattes épaisses
Que naguère il aimait à défaire le soir,
J'aurais, si l'eût voulu, coupé vos longues tresses
Pour un regard de lui, pour un mot, un espoir.

Allons! tout est fini : je serai courageuse :
La consolation de mon sort douloureux,
C'est d'être à ton côté et de te voir heureuse,
Chère ange, désormais que j'aimerai pour deux.

Puisque je mets en toi mon âme tout entière,
Reste mon seul appui contre un monde moqueur ;
Mais écoute surtout, écoute ma prière.
A mon gré laisse moi disposer de ton cœur.

Il t'aime, chère sœur, il t'aime, je le jure.
Il t'aime d'un amour qu'il n'eût jamais pour moi ;
Tu ne craindras pas, toi, trahison ou parjure :
Aime-le, cet ingrat qui ne vit que pour toi !

J'irai me reposer, de la lutte lassée,
Auprès de votre amour, et mon cœur malheureux
Retrouvera peut-être une joie effacée,
Un rayon de bonheur, en vous voyant heureux !

Vous me réserverez une petite place
Près du foyer discret où tous les deux, le soir,
Les bras entrelacés, les regards dans l'espace,
Vous parlerez tous deux d'avenir et d'espoir.

Là, calme, sans douleur, sans larmes, sans envie,
Je pourrai chaque jour, bénissant le Seigneur,
Vous voir unis tous deux, vivre de votre vie :
La misère s'oublie à l'ombre du bonheur !

Pour qu'il t'aime toujours je te rendrai coquette :
Mes perles, mes colliers, ornements superflus,
Je te les donnerai ; je m'en fais une fête !
Je n'en ai plus besoin, moi que l'on n'aime plus.

Chose étrange, et du cœur insondable mystère !
Je l'aime, et cependant je te pousse vers lui.
J'ai perdu sans retour l'espérance sur terre,
Et je voûrai ma vie à l'avenir d'autrui !

Pourquoi feindre? mon Dieu ! —c'est malgré moi, je pense ;
Je l'aime tant, vois-tu, que je ne saurais pas
Trouver même une excuse à ton indifférence
Si tu le repoussais de ton cœur, de tes bras !

Mais, toi ! je t'aime aussi ; l'affection suprême
Qui nous unit enfants me retient sous sa loi ;
Et je l'accuserais de crime et de blasphème
S'il te trouvait moins bonne et moins belle que moi.

Cheveux blonds adorés : tresses, boucles soyeuses,
Quel mal vous m'avez fait ! et pourtant tous les jours
Je vous ai caressés de mes lèvres heureuses.
Oh ! restez près de moi, je vous aime toujours !

Un avenir riant, offert à ta jeunesse,
Aurore du bonheur se lève à l'horizon.
Qu'il soit le bienvenu ; mais laisse ma tendresse
Emprunter un instant la voix de la raison.

Aimes-le, tu le dois, d'ailleurs je t'en conjure ;
Mais tâche de l'aimer, chère sœur, mieux que moi.
En toute chose il faut garder une mesure :
Pour qu'il soit éternel, de l'amour c'est la loi.

La femme, en se donnant, se livre tout entière :
Esprit, cœur et raison ; et lorsque son regard
Désillusionné se reporte en arrière,
Le doute la saisit : hélas ! il est trop tard !

Garde même, en amour, ta dignité de femme,
Ton esprit élégant et pur, don précieux !
Ne donne point ensemble et ta vie et ton âme ;
Quand il désire encor, un amant aime mieux !

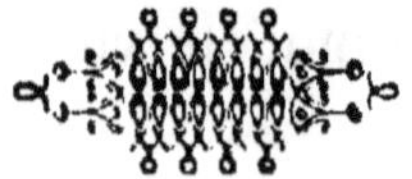

# LA MAISON DU DIABLE

# LA MAISON DU DIABLE

Première Légende savoisienne

Quand le pressoir déborde et quand le grenier ploie
Après riche vendange, après blonde moisson,
Construisez cave et grange, enfants de la Savoie,
Mais n'employez jamais le diable pour maçon !

Des travers qu'on reproche à la faiblesse humaine
Le plus dangereux est, je crois, l'ambition ;
Elle éblouit les yeux, et l'âme qu'elle enchaîne
Obéit en aveugle à son impulsion.

L'ouvrier vit en paix dans son humble demeure :
Sera-t-il plus joyeux dans un noble château ?
Le pêcheur sera-t-il plus heureux tout à l'heure,
S'il possède un moulin sonore au bord de l'eau ?

Et pourtant c'est la loi ! — L'homme toujours désire
(Attrait de l'inconnu) tous les biens qu'il n'a pas.
L'ambition se mêle à l'air que l'on respire ;
Des aiguillons cachés précipitent nos pas !

Parmi les lieux choisis qu'aux élus le ciel garde,
Terrestre paradis des fragiles humains,
Il n'en est pas vraiment que le soleil regarde
Et dore d'un rayon plus ami qu'Aix-les-Bains !

Les champs sont abrités par la haute montagne ;
L'été n'a point de feux, l'hiver peu de rigueurs.
Tout est vivace, riche, et la verte campagne
Etale avec orgueil ses moissons et ses fleurs !

Suivez le frais sentier et côtoyez la rive
Du ruisseau serpentant sous les grands châtaigniers ;
En passant, écoutez la chanson fugitive
Du pinson, hôte aimé des bosquets printaniers.

Saluez aux pommiers la vigne suspendue,
Le pampre verdoyant, la grappe au doux reflet ;
De l'horizon lointain mesurez l'étendue ;
Mais arrêtez vos pas sur le pont du Tillet !

Un spectacle imposant frappe les yeux et l'âme ;
Le lac est à vos pieds, le lac limpide et pur,
Et du soleil ardent la rayonnante flamme
Embrasse l'atmosphère et s'éteint dans l'azur.

Là-bas, sur le coteau, la tour de Hautecombe,
Les pics dont l'aigle seul a trouvé le chemin.
Jetez les yeux plus loin, et votre regard tombe
Sur l'escarpement noir des rocs de Saint-Germain.

Contraste merveilleux ! émotion suprême !
De la prairie en fleurs on passe au roc terni ;
Et le cœur, plein encor des doux transports qu'il aime,
Se gonfle au poétique aspect de l'infini !

Sous ce ciel radieux qu'il serait bon de vivre,
Si loin des bruits du monde, en ce coin écarté,
Sans lutte à soutenir et sans but à poursuivre,
On cherchait le bonheur dans la simplicité !

Sous un modeste toit, dans la calme vallée,
Autrefois il vécut (s'il faut ajouter foi
Aux contes que, le soir, on fait à la veillée)
Un homme appelé Jean, plus heureux que le roi.

Tout semblait lui sourire : une simple chaumière
Etait son patrimoine, et les jours de moisson,
Quand il rentrait courbé sous la gerbe dernière,
Il saluait le seuil d'une vieille chanson.

Fruits dorés au verger, lourde grappe à la treille,
Maître d'un troupeau gras, bondissant en tout lieu,
Le bonheur souriait sur sa lèvre vermeille ;
Il s'endormait, le soir, sous le regard de Dieu.

Un jour, Jean tout à coup devint soucieux, sombre,
Oubliant qu'il était laboureur et berger ;
Des fruits et des agneaux il ne sut plus le nombre,
En friche il laissa tout, les champs et le verger.

L'ambition mauvaise avait gâté sa vie ;
Il n'était plus heureux de son simple bonheur,
Et ce cœur gangrené, qu'avait mordu l'envie,
Rêvait le luxe faux d'une fausse grandeur !

A Jean, hier encor, content de sa chaumière,
Il faut une maison, un palais au sommet
Du côteau qui, là-bas, dresse sa crête altière !
Comment réaliser ce qu'un rêve promet ?

Il veut en vain chasser la pensée importune.
Ne pouvant assouvir son désir qu'à prix d'or,
Il erre tristement, aux clartés de la lune,
Cherchant s'il ne pourra trouver quelque trésor.

Dans l'ombre de la nuit, un étranger l'arrête :
« Jean, dit-il d'une voix qui n'avait rien d'humain,
« Je vais calmer d'un mot et ton cœur et ta tête :
« Tu rêves un château, tu l'auras dès demain ! »

Puis il lui parla bas. — Ainsi le dit l'histoire,
Jean avait reconnu sur-le-champ le malin ;
Néanmoins il traça sa croix sur le grimoire,
Et de cette entrevue on ne sut pas la fin.

Cette nuit-là l'écho redit des sons étranges ;
On entendit au loin la scie et le marteau,
Les cris des ouvriers, turbulentes phalanges ;
Au jour.... une maison couronnait le coteau.

Jean n'eut pas pour cela la mine plus joyeuse ;
(Larron honteux, malgré son opulent butin) ;
Les soucis faisaient tort à son humeur rieuse ;
Une larme souvent mouillait son œil éteint.

Pourtant il s'était dit, achetant la richesse :
« Les gens de ce pays ont tous un esprit fin ;
« Le diable est bien rusé, nous lutterons d'adresse ;
« Il ne tient pas mon âme, et nous verrons la fin ! »

Insensé, qui croyait à son heure dernière
De son marché fatal pouvoir se repentir !
Le bon Dieu n'entend pas la tardive prière ;
Et qui peut ici-bas compter sur l'avenir ?

Sur le seuil, un beau soir, la Mort s'est arrêtée....
Plaignons le pauvre Jean que le diable emporta.
La maison est là-haut, toujours ensorcelée ;
Satan l'avait construite, et son nom lui resta !

Quand le pressoir déborde, et quand le grenier ploie,
Après riche vendange, après blonde moisson,
Construisez cave et grange, enfants de la Savoie,
Mais ne prenez jamais le diable pour maçon !

# L'Eglise de Vautecombe

# L'ÉGLISE DE HAUTECOMBE

Légende.

---

Vanité des grandeurs et des biens de la terre!
A l'heure où vient la mort, les rois, le prolétaire,
Fatalement poussés vers la nuit sans réveil,
Ne s'endorment-ils pas de l'éternel sommeil?
Et la tombe pour tous n'est-elle pas la même?

Rois! pendant soixante ans portez le diadème,
Epuisez du pouvoir toutes les voluptués!
Restez sourds quand la voix du peuple à vos côtés,
Esclave et pâlissant devant votre arrogance,
Fait monter jusqu'à vous le cri de la souffrance!
L'artisan épuisé, le laboureur sans pain,
Souffrent peut-être, en bas, l'angoisse de la faim!

Qu'importe ! des festins la coupe est toujours pleine !
Au travail courageux, à la sueur humaine
Demandez plaisirs, or, et sous un joug pesant
Courbez à votre gré le faible et l'innocent !
Un jour viendra pourtant où la misère et l'âge
De l'homme auront usé la force et le courage ;
Sur le seuil en ruine apparaîtra la mort ;
Matelot fatigué qui voit de loin le port,
Le pauvre, agonisant sur sa couche mortelle,
Tournera ses regards vers la vie éternelle,
Heureux de demander, vers la tombe emporté,
A la mort le repos, à Dieu la liberté.

Et vous, rois aveuglés, même au sein de vos fêtes,
Vous verrez, ce jour-là, flamboyer sur vos têtes
Le glaive étincelant de l'Ange du trépas,
Et du suprême appel quand sonnera le glas,
Vainement votre lèvre essaira la prière !
A quoi bon ? Quand pour tous luit l'heure dernière,
La grande éternité, nuit froide où tout s'endort,
Jette ensemble au linceul les rois au sceptre d'or,
Le riche et l'artisan, le luxe et l'indigence :
Sur le bord du tombeau l'égalité commence !

C'est un rêve insensé, c'est une illusion,
De l'esprit orgueilleux posthume ambition,
Que vouloir, au delà de la tombe éternelle,
Laisser sur cette terre une trace immortelle !
Le marbre et le granit ont-ils à l'avenir
Légués des héros morts le nom, le souvenir?
Le temps qui détruit tout, souvent même la gloire,
N'a pour la vanité ni respect ni mémoire!
Il n'a point de pitié pour l'audace et l'orgueil
Qui veulent le braver au delà du cercueil.
Le sable du désert a sur les pyramides
Effacé bien des noms ! Sur les plages humides
Couvertes aujourd'hui par le Grand-Océan,
( Défi présomptueux qu'ils jetaient au néant ! )
Peut-être nos aïeux avaient-ils une tombe,
Antique mausolée et tour de Hautecombe,
Des siècles écoulés monument respecté,
Que vit grandir jadis la féodalité !
Lorsque des souverains léguaient à votre enceinte
Leur dernière dépouille et sous votre ombre sainte
Comme sous une égide avaient mis leurs tombeaux,
Qui vous eût dit qu'un jour, vos murs et vos crénaux,
Inutiles devant la fureur populaire,
Laisseraient profaner ce royal ossuaire,

Et qu'on prendrait enfin (sacrilége impuni !)
Aux rois morts leur cercueil, aux vieux aigles leur nid ?
Pourtant on aurait cru ce roc inaccessible !
Le monde et ses rumeurs jusques au seuil paisible
N'arrivaient par hasard que comme un bruit perdu,
Entre le ciel et l'onde on l'eût cru suspendu.
Mais jusqu'où ne va pas le torrent populaire?
Le peuple quelquefois regrette sa colère,
Plaignons-le seulement lorsqu'il est égaré ;
Et d'ailleurs aujourd'hui le crime est réparé.
Un homme, un souverain à la sage parole,
Au vieux roc a rendu l'antique nécropole.
C'était un saint devoir : et cédant à l'appel
De ses aïeux sans tombe, il releva l'autel !
Les moines, bons vieillards aux sombres scapulaires,
Des cendres des rois morts pieux dépositaires,
D'une main vacillante ont repris les flambeaux
Dont les pâles lueurs éclairent les tombeaux ;
Leurs voix sous les arceaux chantent de saints cantiques,
Et l'écho, redisant leurs prières mystiques,
Répète au voyageur, au pâtre, au batelier :
« Passant, la mort est là ! mortel, il faut prier ! »

Majestueux spectacle ! une tour gigantesque
Semblable à ces grands burgs dont le vieux Rhin tudesque
Vit couronner jadis ses abruptes coteaux,
Sur le bord escarpé dresse ses noirs créneaux !
Plus bas, d'un large mur la ceinture blanchâtre
Indique la limite où la chèvre et le pâtre,
Après avoir gravi lentement le rocher,
S'arrêtent épuisés à l'ombre du clocher !
Le couvent est caché derrière cette enceinte,
Des moines et de Dieu c'est la demeure sainte ;
Le lac est au-dessous, le lac limpide et pur
Où le soleil, le soir, se couche dans l'azur.
Tout se tait et repose autour du monastère :
Point de vaines rumeurs, point de bruit de la terre ;
Tout est recueillement dans ce calme profond,
Et quand la voix du prêtre à la cloche répond,
Une émotion douce, instinctive et puissante
S'empare tout à coup de l'âme frémissante ;
L'infini se révèle à l'homme, dans ce lieu
Où tout est poésie, où tout est plein de Dieu.

Lorsque sonne minuit ( minuit ! heure fatale ! ),
Sous les sombres arceaux, la lampe sépulcrale
Pâlit, nous a-t-on dit, puis s'éteint, et soudain

Des antiques tombeaux une invisible main
Soulève lentement les immobiles dalles;

Chaque cercueil se vide, et vingt fantômes pâles,
Drapant comme un manteau leurs linceuls blasonnés,
Promènent autour d'eux leurs regards étonnés;
Le lac se ride au loin, et des barques rapides,
Sur la rive échouant leurs carènes humides,
Jettent au pied du roc d'étranges passagers.

Ces spectres quels sont-ils? où vont ces étrangers?
Les princes aujourd'hui qui gouvernent le monde
Viennent-ils donc, cherchant une source féconde,
Demander le conseil et l'exemple au passé?

Mais non, avec la nuit le rêve est effacé.
Non, des prêtres sacrés retentit la prière.
L'aurore monte au ciel . . . tout rentre au cimetière.
Illusion trompeuse! . . . . au fond de leur cercueil
L'éternité retient les rois et leur orgueil!
Sous les sombres arceaux le cloître est solitaire!
. . . . . . . . . . . . . . . . . . . . . . . . .
Vanité des grandeurs et des biens de la terre!

# L'HOTE DE LA MAISON DU DIABLE

# L'HOTE DE LA MAISON DU DIABLE

Seconde Légende.

*Au Prince Marc de L...*

## I.

Il n'est pas en Savoie, et même dans le monde,
De beauté comparable à Morgana la Blonde !
De ses jeunes attraits convoitant le trésor,
Sa grâce enchanteresse et ses longs cheveux d'or,
Que d'amoureux déjà s'empressent autour d'elle !
Mais la jeune comtesse à l'amour est rebelle !
Le noble Ulrich, son père, habite le château
Que vous voyez là-bas, au sommet du coteau.

De l'antique manoir nul ne sait l'origine ;
Ses créneaux orgueilleux couronnent la colline,
Et projettent leur ombre aux bornes du vallon.
Le laboureur, de loin, courbé sur le sillon,
N'ose tourner les yeux vers cette masse noire
Dont l'aspect effrayant cache une sombre histoire.
Pourtant c'est sous ce toit, terreur des paysans,
Que s'est épanouie au souffle du printemps
La belle Morgana, l'orgueil de sa famille !
Qui peut dire pourquoi l'indifférente fille
Méprise tout hommage, et n'a que du dédain
Pour qui veut obtenir et son cœur et sa main ?
On l'a toujours connue insoucieuse et fière
Dans les villages, même on dit qu'elle est sorcière . . .
Mensonge et calomnie . . . . Une fille à seize ans
Pour charmes n'eut jamais que son joyeux printemps,
L'éclat de ses doux yeux et sa grâce rêveuse.
Morgana cependant ne semble point heureuse,
Elle cache un secret sous le calme affecté
Qui voile son regard et pâlit sa beauté !
Peut-être le chagrin, hôte des solitudes,
Gonfle-t-il sourdement son cœur d'inquiétudes !
Peut-être un souvenir d'Hermann, son fiancé,
Lui montre son amant ou captif ou blessé !

Non : quand le chevalier est parti pour la guerre,
La jeune Morgana, calme, au bras de son père,
Sur le seuil sans pleurer a reçu son adieu !
Non : des cœurs de seize ans ( livres que seul lit Dieu )
Elle éprouve aujourd'hui la maladie étrange ;
Les instincts de la femme et la candeur de l'ange
S'opposnt au premier éveil des passions ;
Ses sens sont agités par mille émotions :
Des rêves singuliers, la nuit, peuplent sa couche ;
Le souffle des désirs s'arrête sur sa bouche.
Et lorsqu'en son miroir, honteuse, le matin,
Elle voit son teint pâle et son regard éteint,
Elle met sur son front un froid masque de glace,
Et le varlet joyeux, le voyageur qui passe,
Le seigneur que jamais le danger n'étonna,
Pâlissent à l'étrange aspect de Morgana !

II

De la verte forêt les échos retentissent,
Les piqueurs crient : taïaut ! et les chevaux hennissent !
La chasse sera belle ! hurrah ! daims, sangliers
Traversent en fuyant les plus sombres halliers :

Les chasseurs animés, le comte Ulrich en tête,
Se disputent l'honneur d'avoir forcé la bête !
Mais les chiens, tout à coup, arrêtés tristement,
Jettent par intervalle un sombre hurlement :
Le comte Ulrich arrive, et voit sur l'herbe verte
Un jeune homme étendu, dont la poitrine ouverte
Laisse couler le sang! il est pâle, et ses yeux
Semblent clos pour jamais à la clarté des cieux.
Autour de lui groupés, les chasseurs en silence
Contemplent ce beau front crispé par la souffrance.
Le vieux comte descend de cheval, et soudain
Sur le cœur du jeune homme il a posé la main ;
Incertain un instant, son regard s'illumine,
Il a senti la vie encor sous la poitrine :
« Plus de chasse, dit-il, retournons au manoir ;
« Secourir ce jeune homme est pour nous un devoir.
« Nous avons, pour guérir, des secrets de famille,
« Et mieux qu'un médecin pour le soigner, ma fille ! »
Il dit et l'on s'empresse. Aussitôt à l'écart
Les piqueurs diligents construisent un brancard ;
On place le blessé sur un lit de feuillage,
Et bientôt chiens et gens traversant le village,
Reprennent lentement le chemin du château :
Funèbre fin d'un jour qui s'annonçait si beau !

Sur le seuil Morgana tremblante est accourue ;
Ce prompt retour l'étonne, elle se sent émue :
Que peut signifier ce lugubre appareil ?
Chasse finie avant le coucher du soleil !
Elle frémit en proie à d'étranges alarmes ;
Ses yeux, hier encor si fiers, sont pleins de larmes ;
Son cœur bat et se gonfle . . . . est-ce un pressentiment ?

## III

L'étranger a repris la santé lentement ;
Mais les soins assidus donnés à sa faiblesse
Ne peuvent conjurer la constante tristesse
Que laisse sur son front un sombre souvenir !
Jeune, il n'a plus déjà de foi dans l'avenir :
Son père, punissant des erreurs de jeunesse,
A chassé loin de lui l'appui de sa vieillesse ;
Aujourd'hui sans foyer, fugitif, orphelin,
Il ne sait de ses maux quelle sera la fin !
Naguères, espérant un bonheur sans mélange,
Il aimait ardemment une enfant blonde, un ange !
Mais un père cruel a loin d'elle écarté
L'amant sans patrimoine et le déshérité ;

Plus d'espoir!... Et pourtant quand vient la jeune fille,
Quand Morgana paraît, son cœur bat, son œil brille,
Et sur elle toujours son regard arrêté
S'allume tout à coup d'une ardente clarté!
La fille du vieux comte est aussi transformée,
Sa paupière est humide, et sa joue animée ;
Auprès de l'étranger, rougissant à son tour,
Elle comprend enfin ce que c'est que l'amour,

Où donc est ton orgueil, fille insensible et fière?
Morgana, c'est à tort qu'on te disait sorcière!
Toi qui ne peux trouver quelque philtre vainqueur
Pour résister aux feux qui dévorent ton cœur!

Les jours se sont passés. . . Dans les longues allées
Il est doux d'admirer le lac et les vallées!
Le regard indécis se perd à l'horizon,
Et l'âme, s'échappant de l'humaine prison,
Libre de s'élancer dans les champs de l'espace,
A l'aspect de ce lac uni comme une glace,
A l'aspect des prés verts au pied du roc terni,
S'élève à l'imposant tableau de l'infini ;
Au coucher du soleil, au lever de l'aurore,
Dans ces lieux retirés et que le bonheur dore,

Morgana se promène avec son jeune amant :
Vers elle le blessé penché languissamment
L'interroge des yeux et lui parle à voix basse :
Son regard veut en vain se perdre dans l'espace,
Elle tremble, rougit, et l'agitation
De ses mains, de son sein, dit son émotion !
De sa jeune pudeur c'est la lutte dernière !
Emue enfin aux mots d'une ardente prière,
Elle s'arrête, et dit frémissante : « A ce soir ! »

## IV.

Honte du lendemain ! regrets et désespoir !
Du bonheur, ici-bas, étrange destinée !
Quand une femme, enfin, à l'amant s'est donnée,
Elle croit à jamais assurer son bonheur !
Mais on ne peut en vain sacrifier l'honneur !
Le réveil est cruel ; de la vierge timide
La faute se lira dans le regard humide !

Morgana vainement chasse le souvenir
Qui jette dans son cœur un tardif repentir :

Par un entraînement passager enivrée,
Elle a perfidement trahi la foi jurée!
Que dire au fiancé quand bientôt, au retour,
Il viendra réclamer sa main et son amour?
Elle ne pourra plus marcher la tête haute!
Ah! du moins elle veut profiter de sa faute,
Elle ira dans les bras de l'amant adoré
Chercher encor le rêve et l'oubli désiré!
Les transports de l'amour qu'un cœur aimé partage
Chassent du lendemain la menaçante image,
Et dans les bras ouverts du bien-aimé joyeux,
On étouffe bien vite un remords odieux!
Elle quitte sa couche, hier encor virginale!....

Mais quel étrange accueil! quelle froideur banale!
D'une mauvaise joie à sa vue animé,
L'arrêtant sur le seuil, son ami bien-aimé
Lui dit: « Quoi! vous ici! ce matin! ma princesse,
« Vous avez, je le vois, pris goût à ma tendresse:
« Pourtant il faut user de modération!
« Et je ne veux pas, moi, de votre passion
« Subir à tout instant les lois et l'exigence;
« Je veux ma liberté! Ce trésor-là je pense,

« Les heureux, Morgana, dont je fus précédé
« Sans doute vous l'auront, comme moi, demandé !
« Je préfère d'ailleurs le dire avec franchise :
« Je ne vous aime pas ! Votre main est promise
« Au chevalier Herman ; attendez son retour ;
« Oubliez, comme moi, notre union d'un jour ! »
Accompagnant ces mots d'un rire sarcastique,
L'étranger se rassied au foyer domestique
Calme, le front serein et sans émotion,
Et sans même accorder la moindre attention
Aux yeux mouillés de pleurs, à la douleur profonde
Qui soudain s'empara de Morgana la Blonde !
Chancelante, et voilant ses larmes de sa main,
Morgana de sa chambre a repris le chemin....
Elle veut pleurer seule ; et si son âme est fière
Et ne peut s'abaisser jusques à la prière,
Elle ne pense pas non plus à se venger ;
Elle aime encor celui qui vient de l'outrager ?

V.

Pourquoi continuer ce récit lamentable?
L'étranger n'était autre, en un mot, que le Diable,

Qui, de la jeune fille égarant la raison,
S'établit en vainqueur dans la vieille maison !!

Morgana voit mourir de chagrin son vieux père ;
Elle-même elle meurt quand elle devient mère ;
A son chevet paraît Hermann, son fiancé !
Le séducteur doit rendre un compte du passé !
Mais du vengeur, hélas ! la vaillance est trompée ;
Le diable dans le cœur lui plonge son épée !
Satan garde toujours le rôle le plus beau....

Depuis ce temps, le diable habite le château !....

VI.

C'est depuis ce temps-là, dit-on dans les villages,
(Miracle de vertu !) que les filles sont sages.
L'ombre de Morgana, qui revient chaque nuit,
Gémit avec la brise à l'heure où le jour fuit.
Des garçons du pays et des filles joyeuses
Autrefois, chaque soir, les bandes amoureuses
Vers les bosquets obscurs aimaient à s'élancer.
On n'ose plus, la nuit, échanger un baiser :

La lèvre, en recherchant la lèvre sympathique,
Eveillerait l'écho d'un rire diabolique! ...
La présence du Diable en la vieille maison
A du moins, vous voyez, laissé cela de bon.

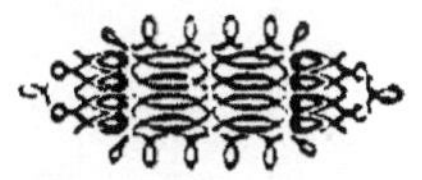

# LE SIRE DE MONTMAYEUR

# LE SIRE DE MONTMAYEUR

## LÉGENDE

Dédiée à M. le commandeur Louis Cibrario.

HOMMAGE SYMPATHIQUE

---

Le seigneur suzerain de l'antique manoir
Chevauche bruyamment sur son destrier noir.

Au milieu de la nuit l'horizon étincelle!
De Chevron à Conflans, de Cessens à Grésy,
Et de Monterminod jusques à Chambéry,
L'ange des sombres feux a déployé son aile!

A voir briller, de loin, ces nocturnes signaux,
Le voyageur, qu'émeut la crainte des fantômes,
Pâlit en se signant, comme si djinns ou gnomes
Avaient pris leurs ébats derrière les créneaux!

Mais dans le clair-obscur, sous la voûte étoilée,
On voit glisser, là-bas, l'ombre d'un cavalier ;
Et vers les tours en feu se dirige un coursier
Dont le sabot sonore éveille la vallée !

Le baron redouté, qui retourne au manoir,
Presse les flancs poudreux de son destrier noir !

Des tours de Montmayeur la silhouette immense
Couvre le vert vallon d'un reflet lumineux,
Et leur masse se dresse, à l'horizon neigeux,
Comme un mauvais génie au milieu du silence !

L'humanité là-haut cherche en vain un écho ;
Sur cet alpestre pic l'ours trouve une tanière ;
Sur ces créneaux le vent agite la bannière,
Où se lit la devise : *Unguibus et rostro !*

D'un tyran féodal c'est le sanglant repaire.
Le baron est connu dans toute la comté
Pour son audace extrême et sa férocité :
Le sinistre vautour de l'aigle occupe l'aire !

Tout tremble devant lui, chaumières et châteaux !
Les supplices cruels qu'à plaisir il invente
Pénètrent de terreur et glacent d'épouvante
Les seigneurs ses voisins et les serfs ses vassaux.

Dégradés par le joug, usés par la misère,
Les hâves laboureurs vers le sol inclinés
Frémissent, s'il paraît dans les champs fortunés
Qui bornent la Savoie et qu'arrose l'Isère !

L'implacable seigneur, qui retourne au manoir,
Brise tout sous les pieds de son destrier noir.

Le baron de Procuste a retrouvé la couche.
Mainte victime offerte à sa brutalité
Charme sans l'assouvir sa froide cruauté ;
Son front reste toujours inquiet et farouche,

C'est qu'il n'est pas au ciel d'astre dont la clarté
Sous le nuage, un soir, ne s'éclipse ou pâlisse ;
C'est qu'en ses démêlés avec dame Justice,
Le glaive féodal perd son impunité !

C'est qu'éloignant en vain la pensée importune
Qui de son cœur altier a pu trouver l'accès,
Le sire d'Apremont toujours pense au procès
Qui menace à la fois son titre et sa fortune !

Le terrible seigneur, qui retourne au manoir,
Chevauche, soucieux, sur son destrier noir !

Lui ! qui commande en maître et devant qui tout plie ;
Lui ! de mille vassaux l'absolu suzerain !
Va-t-il se résigner au rôle d'un vilain ?
Devant un juge, enfin, faut-il qu'il s'humilie ?

Nécessité fait loi ! l'orgueil et la fierté
Doivent subir parfois un joug qui les offense !
Derrière un appareil de force et de puissance
Le baron veut du moins cacher l'humilité !

Bannière déployée et suivi d'hommes d'armes,
Il marche brandissant sa lance du combat,
Son armure au soleil brille d'un fauve éclat...
Mais son cœur est en proie aux plus sombres alarmes.

Le belliqueux seigneur sur son destrier noir
Avec ses écuyers s'éloigne du manoir !

On a tort de penser qu'il part pour la croisade !
Non,— son voyage aura pour terme Chambéry :
Il va solliciter monsieur de Fessigny ;
Pour gagner son procès, il part en ambassade.

Monsieur de Fessigny, président du Sénat,
Incorruptible juge, homme de vieille roche,
Est, ainsi que Bayard, sans peur et sans reproche !
Sa réputation est faite dans l'Etat.

Cette fois avait-il étudié la cause ?
On ne sait... Cependant il promit le succès
Au baron inquiet du sort de son procès ?
Et même il se lia par une étrange clause !

Sans croire qu'il courût des risques à ce jeu,
Pour prouver au baron combien son adversaire
En ses prétentions se montrait téméraire,
Il offrit d'engager sa tête pour enjeu !

Rassuré, le baron remercia le juge,
Et vers le vieux castel s'en revint plein d'espoir ;
Mais l'ingrat ne fit pas sa prière le soir
Pour remercier Dieu, qui seul décide et juge !

Le seigneur suzerain du féodal manoir
Chevauche allégrement sur son destrier noir !

Malheur à ceux qu'endort l'aveugle confiance !
Les songes mensongers qui peuplent le sommeil
Avec l'illusion s'envolent au réveil,
Et la réalité fait pâlir l'espérance !

Le sire d'Apremont vit arriver un jour
Un messager porteur de funeste nouvelle :
Du président malgré la promesse formelle,
Il était sans appel condamné par la Cour.

On essairait en vain de raconter la rage,
Le dépit, la fureur et l'indignation
Du sire qu'atterrait l'humiliation.....
Rien ne parut pourtant sur son hautain visage !

Calme et serein le jour, — aussitôt que la nuit
Drapait à l'horizon son manteau lourd et sombre,
Il laissait s'exhaler sa colère dans l'ombre ;
Des murs de Montmayeur il s'échappait sans bruit

A travers la campagne, au milieu du silence,
Il errait, et souvent auprès du vieux moulin,
Où se montre, dit-on, à minuit le Malin,
Il faisait des serments de haine et de vengeance.

Le seigneur, quand tout dort dans l'antique manoir,
Galope à travers champs sur son destrier noir !

Deux ou trois mois après cette déconvenue,
Le baron de nouveau s'en fut à Chambéry,
Et se présenta chez monsieur de Fessigny,
Qu'effraya tout d'abord sa visite imprévue.

Le souris sur la lèvre et portant haut le front,
Paraissant insensible au coup de la fortune,
Il venait, pour prouver qu'il était sans rancune,
L'inviter à venir au château d'Apremont !

Le malheur, disait-il, l'avait trouvé stoïque,
Mais il voulait au moins, pour faire ses adieux
A l'antique château bâti par ses aïeux,
Y donner une fête, un banquet magnifique.

C'était de la noblesse une réunion :
Barons et chevaliers, dames et damoiselles,
Les plus vaillants seigneurs, les femmes les plus belles,
Tout avait accepté son invitation.

Le président trouva la chose un peu suspecte,
Il voulut refuser .. mais dans sa loyauté,
Il réfléchit bientôt que l'hospitalité
Est une sainte loi que partout on respecte !

D'ailleurs, quand une fête est dans tout son éclat,
Quand le lustre au salon prête ses mille flammes,
Au son des instruments et sous les yeux des dames,
Quelle main s'armerait pour un assassinat ?

Enfin le président accepta... Côte à côte
Le lendemain matin ils partirent tous deux.
Monsieur de Fessigny paraissait soucieux,
Le sire d'Apremont souriait à son hôte.

Ensemble et d'un pas lent vers le sombre manoir
On vit se diriger mule et destrier noir !

Jusques à Montmayeur, tout le long de la route,
Le baron fut charmant, et sa joyeuse humeur
Força le président, inquiet et rêveur,
A chasser loin de lui le soupçon et le doute.

Entre eux il ne fut pas un instant question
D'espérance déçue et de fausse promesse ;
La fête et ses splendeurs, des festins la liesse
Remplirent tour à tour leur conversation.

Le vautour avait-il rentré ses rouges serres ?
Le nocturne chacal s'était-il fait agneau ?
Tout est-il donc changé dans le sombre château,
Théâtre tant de fois de funèbres mystères ?

Le sire d'Apremont, qui retourne au manoir,
Fait sentir l'éperon à son destrier noir !

Mais il sont arrivés, le cor s'éveille et sonne ;
La herse devant eux se lève avec fracas,

Les chevaux hennissants font trembler sous leurs pas
L'antique pont levis, qui fléchit et résonne.

Au château tout a pris un air joyeux de fête ;
Dans la cour les varlets sur les bancs accoudés,
Agitant à grand bruit les hanaps et les dés,
Echangent des clameurs qu'au loin l'écho répète.

Sur le seuil du castel où flotte un étendard,
L'essaim des invités vers le baron s'avance ;
Les dames seulement brillent par leur absence;
Le président alors se repent..... mais trop tard !

Il reprit cependant un peu de confiance,
Quand, parcourant des yeux la salle du festin,
Il vit s'amoncelant sur la nappe de lin
Du somptueux banquet la splendide ordonnance.

Dix lustres radieux et cinquante flambeaux
Versent autour de lui des torrents de lumières ;
Ce ne sont qu'écussons, guirlandes et bannières,
Et le mur disparait sous les soyeux rideaux.

La table cède au poids des viandes fumantes ;
Sur les grands plats d'argent se dressent tout entiers
Lièvres, perdrix, faisans, moutons et sangliers,
Paons à demi cachés sous leurs plumes brillantes;

Les fruits les plus exquis, les gâteaux délicats
Montrent avec orgueil leurs jaunes pyramides,
Et l'amphore promet à l'or des coupes vides
Le vin de Montmélian et le doux hypocras.

D'un semblable repas l'aspect est homérique !
Qui peut rester alors soupçonneux et prudent ?
Aussi, quand il s'assit, le noble président
Se moqua bien tout bas de sa peur chimérique.

Le baron paraissait en veine de gaieté,
Les convives bientôt partagèrent sa joie ;
On but à la santé des princes de Savoie !
Au pays ! à sa gloire ! à sa prospérité !

Sans doute les seigneurs buvant jusqu'à l'aurore
Se seraient enivrés et de vin et de bruit,
S'ils n'avaient entendu tout à coup dans la nuit
Retentir le beffroi solennel et sonore !

Le marteau sur l'airain retombe douze fois !
C'est minuit ! au tumulte on fait soudain trêve !
Le sire d'Apremont de son siége se lève,
Remplit sa coupe et dit: « C'est aux morts que je bois ! »

A ces lugubres mots les lumières pâlissent ;
Lustres étincelants et flambeaux, tout s'éteint !
Et comme poussés par une invisible main,
Les rideaux blasonnés sur la muraille glissent !

Les varlets, les soldats, les vassaux du manoir
Apparaissent groupés dans une salle immense,
Et, la dague à la main, se pressent en silence
Autour d'un échafaud couvert d'un voile noir.

Sous ce sombre appareil un mystère se cache,
Qui trouble et fait pâlir chevaliers et seigneurs :
Une torche blafarde aux tremblantes lueurs
Eclaire le billot et la sanglante hache !

Le pauvre président, défaillant, éperdu,
Implora du regard ses compagnons de fête,
Mais tous avec terreur avaient tourné la tête ;
Il comprit qu'il était, sans ressource, perdu !

Le baron dit alors d'une voix forte et dure :
« Mes aïeux m'ont fait noble et le roi chevalier,
« Je suis de Montmayeur souverain justicier;
« Je punis, c'est mon droit, le crime et le parjure!

« Un homme m'a leurré de perfides serments!
« De sa foi, messeigneurs, le gage était sa tête!
« J'ai perdu mon procès! — soit — ma vengeance est prête.
« C'est homme est parmi vous; sa tête, je la prends!

Il dit, et le bourreau traversant l'assemblée
Traîna vers le billot le pâle président!.....

. . . . . . . . . . . . . . . . . . . .

Le baron prit la tête, et d'un regard ardent
La contempla longtemps de sang toute souillée!

Et bientôt, s'élançant sur son destrier noir,
Le baron au galop s'éloigna du manoir!

Là-bas, dans son palais, le Sénat délibère.
L'auditoire est nombreux. — Les gens de Chambéry
Se demandent pourquoi monsieur de Fessigny
Est absent aujourd'hui de son siége ordinaire.

Tout à coup sur le seuil paraît un chevalier
Armé de toute pièce et visière baissée!...
La Cour à son aspect d'effroi semble glacée,
Mais lui s'avance grave et parle le premier :

« Nobles seigneurs, dit-il, le Sénat s'inquiète
« De ce qu'est devenu monsieur de Fessigny,
« De votre président ne prenez plus souci,
« Il est mort cette nuit, et j'apporte sa tête ! »

Il dit, et sur le sol il jette bruyamment
Son trophée effrayant, qui jusqu'auprès d'eux roule ;
Puis, mettant à profit la stupeur de la foule,
Il s'éloigne et remonte à cheval, librement.

Le châtiment suivit cette audace exécrable :
Dans l'intérêt de tous, le Sénat et le Roi
Invoquèrent bientôt les rigueurs de la loi
Pour punir sans pitié ce crime épouvantable.

A son tour, le baron fut à mort condamné;
Mais on eut beau chercher dans toute la Savoie,
Avant la loi le diable avait saisi sa proie :
Il l'avait avec lui vers l'enfer entraîné !

Le château fut rasé ; mais au fond de l'abîme
On a laissé debout la tour de Montmayeur,
Dont l'aspect gigantesque inspire la frayeur,
Comme une expiation éternelle du crime.

Quand parfois l'étranger, touriste ou voyageur,
Qui voit à l'horizon cette masse, demande
S'il n'est point sur ces lieux quelque sombre légende,
On lui dit que ce fut autrefois Montmayeur.

Mais qu'il n'espère pas visiter la ruine ;
Nul ne le guidera vers les murs chancelants.
Ces lieux servent encor d'asile aux revenants,
Et la tour quelquefois à minuit s'illumine.

L'ombre du vieux baron, sur son destrier noir,
Vient, dit-on, chaque nuit, visiter le manoir.

# RAPHAEL

# RAPHAEL

## SOUVENIR DE SAVOIE

*A M. de Lamartine.*

### I.

L'automne est la saison où les champs de Savoie
Empruntent aux moissons un air grave de joie ;
La gelée, au matin, qui frappe les halliers
Fait pleurer à midi vignes et châtaigniers ;
Le brouillard qui s'étend au-dessus des vallées
Jette son voile épais sur les cimes mouillées
Du chêne frémissant et du jaune coteau :
Mais lorsque du soleil le radieux flambeau
Laisse tomber ses feux sur le sol qu'il éclaire,
Un chaud rayon de vie a réveillé la terre ;

Le vent souffle tiède et ride les ruisseaux,
La fleur s'épanouit, et le chant des oiseaux
Rend, hôtes du printemps, aux rives embellies,
La vivante nature et ses mélancolies.
Heureux qui sait goûter cette poétique heure !
La lèvre qui sourit, le cœur brisé qui pleure
Lui doivent, tour à tour, la joie et le soupir...
C'est alors qu'il est doux d'aimer et de mourir !

Un de ces beaux jours-là, Raphaël vit Julie :
Cet instant solennel décida de sa vie.

Le lac était serein, et le léger bateau
Voguait vers Hautecombe au caprice de l'eau,
Quand du bout du vallon la brise furieuse
S'élance tout à coup, et la vague écumeuse
Qui balotte l'esquif sur sa cime glissant,
Entr'ouvre devant lui l'abîme menaçant !
Les sombres grondements qu'au loin l'écho répète
Aux matelots troublés annoncent la tempête !
Au retour impossible, on ne peut plus songer :
Il faut lutter avec les flots et le danger !

Raphaël, qui de loin a vu cette détresse,
A fait virer de bord le batelier qu'il presse;

Il se jette en plein lac pour sauver le bateau,
Qui parfois disparaît sous l'écume de l'eau ;
Enfin les deux esquifs que la lame rassemble
Sur la grève, sauvés, vont échouer ensemble.

Quel tableau déchirant et quel spectacle affreux
Frappe de Raphaël et le cœur et les yeux !
Dans le fond du bateau, couverte d'eau glacée,
Mourante, évanouie; une femme affaissée
Gît la tête appuyée au rustique coffret
Où le batelier serre à l'abri son filet !

Dans ce désordre même, oh ! qu'elle est encor belle !
Ses cheveux bruns épars et flottants autour d'elle
Semblent l'aile luisante et noire d'un oiseau
Par la vague, à demi couvert, au bord de l'eau.
La joue où les couleurs ne sont pas effacées,
Ne trahit pas l'effroi d'émotions passées,
Et son front d'un blanc mat, au pâle lis pareil,
Fait croire au calme pur du tranquille sommeil !
Sur la plage déserte, au pied de Hautecombe,
Dans un coin écarté que le rocher surplombe,
D'un champêtre réduit les murs hospitaliers
Donnent parfois la nuit asile aux bateliers.

C'est là qu'on a porté la belle évanouie,
Sans qu'elle ait pu donner même un signe de vie.

A genoux et tenant sa tête dans sa main,
Raphaël veille seul jusques au lendemain ;
Des soupirs douloureux s'échappent de sa bouche,
Il pleure et prie au pied de la funèbre couche.
Julie enfin reprend vers le matin ses sens,
Elle fixe sur lui ses yeux reconnaissants,
Et dit : « Soyez béni, bon Dieu en qui j'espère !
« Je pourrai donc aimer ! j'ai désormais un frère. »

Ainsi, dès que les yeux se sont rouverts au jour,
La première parole est un cri de l'amour !

II.

Hymne saint de l'amour ! cantique des cantiques,
Pour vous traduire, il faut les fibres sympathiques,
L'élan passionné du poëte orateur ;
Lui seul a dans la voix une gamme choisie,
Et pour faire un tableau d'ardente poésie,
Son pinceau, c'est son cœur !

D'ailleurs, pourquoi vouloir analyser ce livre ?
Où retrouver l'écho de l'âme qui se livre
Tour à tour avec joie aux plaisirs, aux douleurs ?
Le cœur n'a-t-il pas vu se dresser cette image
Quand le regard se voile en lisant une page
Qu'il mouille de ses pleurs !

Ah ! j'aurais aimé voir cette double tendresse
S'unir et se confondre en une même ivresse !
Quoi la santé, dit-on, passe avant le bonheur !
Dieu relève et soutient l'amour qui s'abandonne,
Et, dût-on en mourir, quand on aime, on se donne,
On se donne et l'on meurt !

Mais ! qu'ai-je dit ? Grand Dieu ! je le sens, je blasphème !
L'amour c'est le respect de la femme qu'on aime !
Pardon pour le reproche et pour l'étrange mot !
Ne sacrifions pas à l'éphémère ivresse !
Car la mort qui prend tout, beauté comme jeunesse,
La mort vient assez tôt !

III.

Et la mort en effet ne s'est pas fait attendre :

Un an s'est écoulé. (L'homme ne peut prétendre
A la réalité de l'éternel amour.)
Raphaël, cependant, lorsque revint le jour
Qui pour lui ramenait un saint anniversaire,
Voulut revoir la plage et le roc solitaire,
Où, le cœur palpitant, pour la première fois
De son aimable amie il entendit la voix;

Hélas! tout est changé! le brouillard de l'automne
Ceint toujours le rocher d'une froide couronne;
La petite cabane et la meule de foin
Dans l'ombre de la tour s'aperçoivent de loin:
Mais la demeure est vide et la rive déserte;
Le seuil a disparu déjà sous l'herbe verte;
L'hirondelle elle-même a fui loin de son nid,
Qu'habite désormais un sombre oiseau de nuit;
A ces pressentiments l'âme en vain se refuse;
Il lui faut renoncer à l'espoir qui l'abuse.
Celle que Raphaël attend ne viendra pas;
L'amour n'arrache point une proie au trépas;
Elle est morte là-bas, morte à la fleur de l'âge,
Morte sans avoir pu revoir le doux visage
De l'ami regretté qui l'attend vainement.
Quoi! pas un souvenir, un mot pour son amant;

Hélas ! il est venu ce mot, mais qu'il est triste ;
A de telles douleurs se peut-il qu'on résiste ?
Ce mot, c'est celui-ci : « Je meurs, je meurs sans vous ;
« Mais il est dans le ciel un dernier rendez-vous,
« Où les cœurs séparés se retrouvent encore ;
« Si Dieu daigne éclairer d'une nouvelle aurore
« Les âmes que la mort seule a pu désunir,
« Vivez ! moi je vivrai dans votre souvenir ;
« Vivez ! ne hâtez pas l'heure qui vient si vite ;
« Ne laissez pas le temps emporter dans sa fuite
« Tout espoir de revivre en un monde meilleur ;
« Vivez et méritez à force de douleur
« De revoir votre amie après tant de souffrance ;
« C'est du fond du malheur que surgit l'espérance. »
Raphaël obéit. L'amour avait vaincu :
Hélas ! si vous saviez comment il a vécu !...

IV.

Avez-vous vu, lecteur, à Florence ou dans Rome
Un merveilleux portrait ? C'est celui d'un jeune homme,
Debout, mais appuyé sur le coude, et fixant
Vers le vague horizon un œil vif et puissant

Sa bouche est triste et douce, et sa joue est pâlie;
Son teint déjà plombé par le ciel d'Italie
Dore, sans le charger de tons blafards et lourds,
De nuance de nacre une peau de velours.
Son nez mince, aquilin, a des reflets d'albâtre,
Sous un sourcil arqué, la paupière bleuâtre,
Recouvrant à demi son œil doux, quoique fier,
Semble sous un nuage envelopper l'éclair.
L'azur d'un ciel foncé brille dans ses prunelles;
Son regard, aspirant aux voûtes éternelles,
Comme pour déchiffrer un sens mystérieux,
Sonde le firmament, interroge les cieux.
Sur le front mat et pur se lit l'intelligence ;
On y voit se trahir l'âme qui vit et pense.
La tête, un peu penchée, a sur le cou nerveux
En flocons ondoyants répandu les cheveux !
Ce portrait où la grâce est jointe à l'harmonie,
Cet œil, déjà rêveur, qu'enflamme le génie,
Ce front vaste et serein (fruit d'un pinceau savant) ;
Pour tous, c'est le portrait de Raphaël enfant ;
Mais, pour l'observateur qui cherche et qui devine,
Ce n'est plus Raphaël, c'est déjà Lamartine.

V.

Au milieu d'un bouquet de sombres noisetiers,
Où fleurissent parfois les libres églantiers,
Se dresse sur le mont qui domine la plaine
La tour que Raphaël garde pour tout domaine ;
Séjour triste, isolé, débris du vieux château
Qui jadis couronnait la cime du coteau ;
C'est là que, seul, en proie au mal qui le dévore,
Il succombe à demi, pour résister encore :
Vains efforts, vain espoir, il souffre et la langueur
De sa jeunesse étreint la suprême vigueur !
C'est là qu'enseveli dans une nuit profonde,
Il vit seul, éloigné de tous les bruits du monde.
Absorbé tout entier par les pensées du ciel,
Il ne laboure plus l'humble champ paternel,
Il remplit les devoirs d'un vénérable prêtre ;
Des enfants du village il s'est fait l'humble maître,
Les nourrit de son pain, les chauffe de son feu,
Leur montre la nature et leur parle de Dieu.
C'est là que l'étranger, sur la foi d'un vieux guide,
Pour revoir Raphaël monte d'un pas timide.
Il pénètre bientôt dans le triste manoir,

Il traverse à la hâte un long corridor noir,
Où loin de tout soleil l'humidité ruisselle,
Franchit le seuil brisé qui sous son pied chancelle,
Et cherche sous les plis d'un front chauve et blêmi
Les traits décomposés d'un malheureux ami.

Les murs sont élevés, la chambre est vaste et sombre,
Les angles sont obscurs ; mais pour dissiper l'ombre,
Une haute fenêtre aux losanges de plomb
Partage du soleil le lumineux sillon ;
Deux grands fauteuils, débris d'une opulence antique,
Meublaient modestement cette salle gothique.
Puis une table offrait sur des ais vermoulus
Du pain, quelques papiers, des livres souvent lus.
Les briques du pavé, la haute cheminée,
Avec sa crémaillère en lance terminée,
Et le repas du soir qui murmure et qui bout
Sur un mince fagot qui brûle par le bout ;
Du plafond dégradé les poutres enfumées,
De vieux coffres ouverts, des armoires fermées ;
Ces restes d'un passé dont s'est éteint l'orgueil,
Respiraient la tristesse, et la mort, et le deuil,
Grâce au jour qui filtrait par la fenêtre ouverte,
Dans un angle on voyait, garni de serge verte,

Un grand lit à colonne en vieux hêtre sculpté,
Sur lequel au hasard un drap était jeté,

Un jeune homme était là, vieilli par la misère,
Hélas ! en contemplant à cette heure dernière
Ces traits si fiers jadis, cet œil jadis si beau,
Où des saintes ardeurs rayonnait le flambeau,
Ce poétique front, jadis plein d'un doux charme,
L'étranger attendri sent couler une larme,
C'est bien lui ! car son cœur, jusqu'au dernier moment,
Ainsi qu'il a vécu veut mourir en aimant !
Et près du triste lit, passereaux, hirondelles,
A l'ami qui s'en va sont demeurés fidèles,
Pour eux le moribond émiette avec amour
Une douce caresse avec le pain du jour.
« C'est vous, dit-il, amis ? Ma suprême journée
« A de bons souvenirs peut donc être donnée !
« Grâce à vous, mon trépas doit être exempt d'effroi ;
« Vous dirai-je le sort s'acharnant contre moi,
« Ma vie à tous les vents dissipée et perdue,
« Mes biens anéantis et ma maison vendue ?
« Mes parents morts ! Julie ! ange par Dieu donné
« Puis repris ! et moi-même à souffrir condamné

« Jusqu'au jour bienheureux (seul espoir qui me reste !)
« Où je m'envolerai vers le séjour céleste !
« Cependant, croyez-moi, quand la brume du soir
« Comme un voile de deuil entoure ce manoir,
« Quand approche l'hiver, quand le vent monotone
« Murmure tristement dans les feuilles d'automne,
« Je me dis : Qui de moi se souviendra jamais ?
« Dois-je mourir, hélas ! comme ceux que j'aimais,
« Sans qu'un ami pieux visite au moins ma tombe,
« Sans qu'un soupir s'élève ou qu'une larme tombe ?
« Sur mon marbre oublié qui pliera les genoux ?
« Et vous, petits oiseaux, qui prendra soin de vous ?
« Je ne serai plus là quand viendra la froidure :
« Où donc chercherez-vous votre pauvre pâture ?...
« Je blasphème ! J'ai tort, car après mon trépas,
« Dieu qui m'appelle à lui ne vous oublira pas !
« Pour vous, ami, voici ma suprême pensée,
« Cette histoire au hasard sur le papier tracée,
« C'est la mienne ! Un doux nom la remplit jusqu'au bout.
« Tenez : emportez-la ; quand vous aurez lu tout,
« Vous pleurerez peut-être, et vous direz : Cet homme,
« Traînant de tristes jours de la Savoie à Rome,
« Fut bon, mais inactif, aimant, mais malheureux,
« Et mes amours passés, si vous pleurez sur eux,

« Vous feront bénir Dieu dont la main me délivre. »
Il dit, puis expira. Vous connaissez ce livre
D'où l'éternel amour comme un parfum sortait?...
Raphaël a dicté, Lamartine chantait !

VI.

Chantez ! poète, amant de la grande nature ;
Chantez le doux printemps, les champs et la verdure,
L'hirondelle, l'hiver, qui fuit rasant le sol ;
La neige sur les monts, la fleur dans les vallées,
La nuit qui monte sombre aux voûtes étoilées...
Chantez commme le rossignol.

Chantez le lac limpide aux ondes transparentes,
Et les vagues d'azur sur la grève expirantes,
Apportant à la rive un baiser du flot bleu ;
Et l'algue du rivage, et la grotte discrète
Où le silence même émeut l'âme muette
Qui s'élève, en priant, vers Dieu.

Chantez les cheveux noirs et le front pur d'Elvire;
La lèvre frémissante où fleurit le sourire,

Ou le regard humide et serein tour à tour ;
Dites de Jocelyn la touchante épopée ;
Chantez du cœur humain la tendre mélopée,
Et l'hymne éternel de l'amour.

Mais si, foulant aux pieds les palmes poétiques,
Vous allez demander aux luttes politiques
La gloire que promet la popularité,
Vous serez entraîné vers un abîme sombre ;
Et, bientôt terrassé, vous grossirez le nombre
Des martyrs de la Liberté.

La Muse aime le calme et l'ombre solitaire :
Elle craint les fureurs de l'hydre populaire,
Et, comme le cheval piqué par l'éperon,
Qui hennit contenu par un frein qui l'indigne,
Elle n'a plus de voix que pour le chant du cygne
Lorsque s'éveille le clairon.

Le peuple enthousiaste a de folles ivresses ;
Il promet ses faveurs, ses bravos, ses caresses
Au défenseur ardent et providentiel
Qui pour le faire heureux vers le progrès le guide ;

Mais dans la coupe d'or où boit la lèvre avide,
Au nectar succède le fiel.

Athènes, le berceau des dévoûments civiques,
Gardait pour récompense à ses fils héroïques
L'ostracisme et l'exil, la mort ou la prison;
Victime dévouée au nouveau Minotaure,
Miltiade, est-ce assez?... Non : il lui faut encore
Socrate, Aristide et Cimon !

Imitateur bâtard de l'injustice antique,
Le peuple a des élans d'ardeur patriotique,
Et sous un masque en vain cache son front pâli;
La France d'un long joug a gardé l'habitude;
La force manque même à son ingratitude;
Son ostracisme c'est l'oubli.

. . . . . . . . . . . . . . . . . . . . . .

Lui, dès qu'il fut rendu, nouveau Cincinnatus,
Au culte du foyer et des humbles vertus,
Il ne regretta pas l'éphémère puissance;
De Milly, de Monceaux il est la providence;
Quand l'année est mauvaise et le pressoir sans vin,
Le vigneron n'a plus à redouter la faim;

L'étranger, le proscrit, jour et nuit, à toute heure,
Trouvent un bon accueil au seuil de sa demeure;
Ils savent qu'en ces murs la sainte charité
S'exerce sous le nom de l'hospitalité;
Et le pauvre honteux, venu baissant la tête,
S'en retourne emportant une aumône discrète;
C'est encor, n'est-ce pas, un rôle noble et pur
Et qui n'est pas moins grand pour être plus obscur;
Mais, hélas! au milieu des luttes de tribune,
Lamartine a souvent oublié sa fortune,
Et, les pauvres aidant, il ne lui reste rien;
Il ne peut donc plus même faire le bien.

Athènes eût jadis, pour mieux lui rendre hommage
Au poëte indigent ouvert l'aréopage;
A Rôme, avec orgueil, le peuple et le sénat
Eussent mis à ses pieds les trésors de l'Etat...
En France, qu'a-t-on fait? Sous la forme banale
D'une souscription dite nationale,
Chacun jette à celui qu'il s'en va décriant
L'aumône qu'il aurait jetée au mendiant.
Honte sur ce pays inconstant et vulgaire
Qui marchande aujourd'hui l'obole à Bélisaire.

Ce n'est pas tout encor ! Le vieil esprit gaulois
N'a pas même épargné le malheur cette fois :
Il exerce à tout prix sa verve satirique ;
Lamartine a pleuré son foyer domestique,
Eh bien, le ridicule atteindra ses regrets !
On raille sans pudeur les antiques chenêts
Auprès desquels ses chiens, le soir couchés dans l'ombre,
Suivent d'un œil ami son regard triste et sombre.
Ah ! ceux qu'a divertis cette lâche gaîté
En rendront compte un jour à la postérité !

VII.

Oui, la postérité plus tard doit tenir compte
A ceux-ci de la gloire, à ceux-là de la honte !
L'avenir, qui promet des autels au passé,
Fera dans sa clarté luire la justice ;
Aux martyrs il paîra le prix du sacrifice
Et du sillon qu'ils ont tracé !

A ceux dont le présent a défloré la gloire
Les siècles garderont un vengeur : c'est l'histoire !
Lamartine a des droits à l'immortalité !

Les noms que l'univers doit redire à la ronde,
Ce sont les noms de ceux qui donnèrent au monde
Les drapeaux de la Liberté !
Du lointain avenir la justice immuable
Veut un temple éternel plus que l'airain durable,
Où des peuples, un jour, religieusement (1)
Viendra s'agenouiller la pieuse cohorte ;
Mais aujourd'hui déjà l'humble poëte apporte
Son grain de sable au monument.

(1) Œre perennius.

# LES CONFIDENCES

# LES CONFIDENCES

## UN SOIR D'HIVER.

*(Suzette et Lisette travaillent au coin du feu; Frisette feuillette un livre.)*

FRISETTE *fermant son livre.*

Je me lasse à la fin de lire des romans;
Toujours des chevaliers vertueux et fidèles,
C'est ennuyeux!... Si vous voulez, mesdemoiselles,
Nous causerons un peu, ce soir, de nos amants.

LISETTE.

Vous avez la parole un peu leste, ma chère;
Vous pourriez bien ici ne parler que pour vous.

Qui donc a des amants de nous trois? Entre nous,
Ce n'est certes pas moi, ni Suzette, j'espère.

FRISETTE.

La... la... ne prenez pas ce ton majestueux ;
J'ai dit : Nos amants; vrai, c'était par mégarde.
Je parlais de celui que nous aimons le mieux,
Et tout autant que moi l'affaire vous regarde.
Vous avez bien, je crois, quelque discret ami ?...

SUZETTE.

Sans doute !

FRISETTE.

Voyez-vous ! elle au moins, la petite,
Elle est franche, et malgré son maintien endormi,
Elle sait qu'à seize ans l'amour au cœur vient vite.

LISETTE.

Ah ! si vous parlez d'un noble sentiment
Qu'à soi-même tous bas une femme s'avoue,
Qui ne fait pas monter la rougeur à la joue,
Je puis aimer quelqu'un, mais je n'ai pas d'amant.

FRISETTE.

Bah ! c'est la même chose, à peu près, je vous jure ;
Ainsi ne jouons pas plus longtemps sur les mots.
Celui que vous aimez?...

LISETTE.

Il est beau ; sa figure
Qu'encadrent des cheveux qui retombent à flots
Est rêveuse, à la fois fière et mélancolique ;
Il a de blanches dents, le regard poétique,
La voix persuasive et le front inspiré.

SUZETTE.

Mon promis a l'œil noir et le teint coloré ;
Il est grand, bien bâti sur sa robuste épaule ;
Sans peine et sans effort il porte un sac de blé.

FRISETTE *riant.*

Laissez-moi rire un peu ; car c'est vraiment trop drôle
Qu'il ait ainsi charmé son cœur émerveillé.

SUZETTE *piquée.*

Riez de mon amant, moi je rirai du vôtre

FRISETTE.

Il ne ressemble pas à certain bon apôtre
Qui d'un manteau d'emprunt se couvre impudemment ;
Il est franc et loyal ; le voir c'est le connaître ;
Il respire la joie et le contentement ;
Il sait pour le plaisir que le ciel l'a fait naitre.
Toujours en mouvement, toujours leste et joyeux,
Les larmes n'ont jamais, je crois, mouillé ses yeux,

Et sa vie est enfin un long éclat de rire.
Sans faire son portrait, je me borne à vous dire
Qu'il n'est ni brun ni blond, plutôt petit que grand ;
C'est un gentil garçon, un cavalier passable ;
Son mérite à mes yeux, c'est qu'il est fort aimable.

LISETTE.

Tu ne sais pas, Frisette, à quel charme enivrant
Cède le cœur humain, lorsque la poésie
Lui fait boire à longs traits sa divine ambroisie ;
Mon Arthur est poëte : il me lit ses doux vers ;
Près de lui, l'œil fixé sur l'éternelle voûte,
Je crois voir s'entr'ouvrir le ciel quand je l'écoute :
Nous oublions ainsi le ciel et l'univers.

FRISETTE *bas à Suzette.*

Je comprends à présent ou plutôt je devine
Pourquoi Lisette ici prend des airs de Corinne.

SUZETTE.

Nicolas, je l'avoue, est moins sentimental,
Mais le dimanche soir, quand il arrive au bal,
Chez nous plus d'une fille admire sa tournure,
Et la danse finie, on est, je vous le jure,
Fière de s'en aller suspendue à son bras :
Les autres en chantant éveillent la vallée,

Nous, marchant doucement derrière la saulée ;
Nous nous donnons la main et nous parlons tout bas.

FRISETTE.

On peut s'aimer ainsi sans doute à la campagne,
Mais à Paris, ma chère, on est moins innocent.
Mon bien aimé Léon est vif et turbulent ;
Il aime le plaisir, le bruit et le champagne :
La bruyante gaîté, voilà son élément.
C'est quand le vin murmure et pétille en son verre
Qu'on peut apprécier son charmant caractère ;
Il sait, gai, boute-en-train, mêler adroitement
Le refrain égrillard à la chaste romance ;
Et le repas fini, lorsque parfois on danse,
On fait cercle à l'entour, et bientôt chacun dit
En le voyant polker : Bravo ! c'est *Brididi.*

LISETTE.

Un soir je revenais seule et triste d'Asnière ;
Je marchais à grands pas le long de la rivière
Pour avant la nuit close arriver à Paris,
Quand je l'ai rencontré ; sa démarche incertaine,
Son regard doux et fier m'ont révélé sans peine
Ce que souffrait tout bas le poëte incompris.
On est bien vite ami quand la douleur rassemble !
Nous avons, en causant, fait le chemin ensemble ;

Puis, lorsqu'il a fallu nous quitter, son adieu
M'a laissé deviner un amoureux aveu.
Or, depuis ce jour-là, quand sur le ciel sans voiles
Côte à côte je vois scintiller deux étoiles,
Je suis par la pensée, unie au firmament,
A mon poëte aimé, qui n'est pas mon amant.

SUZETTE.

Mon histoire est plus simple encore. Après vendanges,
Quand chez nous on commence à veiller dans les granges,
Nicolas certain soir s'est assis près de moi ;
A voix basse il m'a dit : « Des filles du village
« Pour épouse je veux, Suzette, la plus sage ;
« Et celle-là, vois-tu, je crois bien que c'est toi.
« Dis un mot, chère enfant, et tu seras ma femme. »
Je l'écoutais parler ravie au fond de l'âme ;
Mon cœur battait bien fort ; je lui dis : « Nicolas,
« Il faudrait une dot, et moi je n'en ai pas. »
Mais lui me répondit avec une voix tendre :
« Gagne-la, cette dot, je te promets d'attendre. »
Je l'ai laissé me prendre un baiser en partant ;
Puis, quittant le hameau pour venir à la ville,
J'ai mis mon espérance au bout de mon aiguille.
Je travaille, et je sais que Nicolas m'attend.

FRISETTE.

Moi j'ai connu Léon une nuit de folie ;
C'était, s'il m'en souvient, au bosquet d'Idalie,
Ou bien à l'Opéra... non, c'était au Prado.
Le frénétique archet de monsieur Pilodo
Avait communiqué son ardeur aux quadrilles :
Masques, étudiants et folles jeunes filles
Dansaient à grands renforts de cris et de bravos ;
Le carnaval, enfin, agitait ses grelots.
En ce lieu je ne sais comment j'étais venue ;
J'eus peur, je voulus fuir, Léon m'a retenue ;
Sans cesser de danser il me prit dans ses bras
Et me dit : « Je vous aime » entre deux entrechats.

LISETTE.

Vous fûtes donc toujours une franche étourdie?

FRISETTE.

Bon ! je n'ai jamais, moi, joué la comédie.

LISETTE.

Que je voudrais vous voir auprès de mon Arthur
Savourer le bonheur d'un amour chaste et pur !
Ses mots harmonieux, sa parole de flamme
Aux instincts généreux réveilleraient votre âme,
Et les bons sentiments, devenus familiers,
Vous feraient remonter à la source céleste

Pour y puiser l'honneur de ces plaisirs grossiers.

FRISETTE.

Assez prêché, Lisette; épargnez-moi le reste.

SUZETTE.

Celui qui doit un jour être notre mari
Peut seul nous inspirer un sentiment honnête.
Quoique de Nicolas notre Frisette ait ri,
Quoiqu'il ait encouru le dédain de Lisette,
Je déclare et prétends qu'à lui seul il vaut mieux,
Comme homme et comme amant, que vos deux amoureux.

FRISETTE.

Pour le coup, c'est trop fort ; vous m'échauffez la bile.
Je voudrais que Léon pût venir quelque jour
Vous conter en riant ses gais propos d'amour;
Lisette au cœur ardent, Suzette la tranquille
Changeraient promptement d'avis en l'écoutant,
Et, malgré vos grands airs et vos belles paroles,
Peut-être comme moi vous en deviendriez folles
Et vous sauriez alors ce que vaut mon amant.

LISETTE.

Çà, cessons ce débat. Voici qu'il est dix heures;
Il nous faut sans retard regagner nos demeures.
Suzette, venez-vous?...

SUZETTE.

Partons, je le veux bien....
Mais vos amis — j'y tiens — ne valent pas le mien.

FRISETTE.

Bah! Lisette a raison : discuter davantage
A quoi bon? mettons fin à notre différend;
Embrassons-nous ; et puis n'oublions pas l'adage :
« L'homme le plus parfait c'est toujours notre amant. »

# LES VIVANDIÈRES

# LES VIVANDIÈRES

IDYLLE

CATHERINE.
BEPPA.

---

BEPPA.

Respirons un instant.

CATHERINE.

Le canon gronde encore.

BEPPA.

Ce n'est pas le canon ; c'est l'orage sonore
Dont la voix et l'éclair embrasent le vallon.

CATHERINE.

Marchons ! il ne faut pas quitter le bataillon !

BEPPA.

Les ennemis ont fui, la bataille est gagnée,
Nous avons, nous aussi, fini notre journée,
Reposons-nous un peu.

CATHERINE.

Soit : du pied du coteau
Je vois encore là-bas flotter notre drapeau.

BEPPA.

Nous pouvons l'avouer à l'instant où nous sommes,
Nous avons affronté le feu comme des hommes ;
Seize heures de combat, pour des femmes c'est beau.

CATHERINE.

Le champ de bataille est un illustre tombeau ;
Mais notre rôle, à nous, et notre unique gloire,
C'est de suivre l'armée et de verser à boire.

BEPPA.

Nous n'en étions pas moins offertes au trépas !
Vivandière ou soldat, la mort ne choisit pas ;
D'un obscur dévoûment on peut être victime
En parcourant les rangs que la balle décime.
Toi-même, Catherine, encore ce matin
Ne t'ai-je donc pas vue, une gourde à la main,
A travers un brouillard de poudre et de fumée

T'élancer, d'une ardeur généreuse animée,
Pour offrir un dernier petit verre au mourant?
L'ennemi maintes fois t'a vue au premier rang.
Dans ce milieu mortel de bruit et de poussière
Tu marchais sans jeter un regard en arrière,
Tandis qu'à chaque instant, dans leur course arrêtés,
Nos soldats mutilés tombaient à tes côtés.

CATHERINE.

Beau mérite, vraiment! au terme de la route
Tu sais quel plaisir fait une dernière goutte?
La mort doit nous trouver, d'ailleurs, sur son chemin
Le baril sur le dos et le verre à la main....
Le devoir accompli n'est pas chose héroïque!

BEPPA.

Cependant aujourd'hui...

CATHERINE.

Quant à toi, je m'explique
Ton légitime orgueil et ton enivrement :
Mêlée à nos soldats, n'as-tu pas crânement
Pris depuis ce matin vingt fois part à la lutte?
Quand notre lieutenant entraînait dans sa chute
De notre bataillon le glorieux drapeau,
C'est toi, qui relevant le précieux lambeau,
A plus d'un Autrichien fis mordre la poussière.

BEPPA.

J'ai fait le coup de feu, dois-je en être plus fière?
L'honneur des deux pays allait être outragé :
Un Français expirait, eh bien, je l'ai vengé.

CATHERINE.

Ah ! l'Europe au Piémont peut envier sa gloire ;
Il conquiert aujourd'hui sa place dans l'histoire,
Si ses braves soldats, ses filles, comme toi,
Servent, mousquet en main, la patrie et leur roi.

BEPPA.

Chaque fois qu'il s'agit d'honneur et de vaillance,
Nous devons le céder, Catherine, à la France ;
Ce pays des grands cœurs, des sublimes élans,
A juste titre est fier de ses nobles enfants.
Parmi les nations la France est la première;
C'est d'elle désormais que jaillit la lumière ;
Dès qu'il fut question de droit, de liberté,
Son drapeau près du nôtre a bien vite flotté,
Et nos soldats enfin lui doivent la victoire.

CATHERINE.

Du triomphe qu'importe à qui revient la gloire ;
Nos ennemis ont dû franchement s'effrayer
Lorsque marchaient contre eux zouave et bersaglier !
Nous sommes vainqueurs, soit, mais l'obscure victime

Qui fit preuve en tombant d'un dévoûment sublime
Et mouilla le gazon de son généreux sang
Veut qu'au moins le pays lui soit reconnaissant...

BEPPA.

Ah ! comme toi, je rends hommage, Catherine,
A ces humbles héros qui tendaient leur poitrine
Au glaive du Croate, et faisaient un rempart
De leurs corps mutilés à leur vieil étendard.
Officiers ou soldats, il faut, sans égoïsme,
Saluer leur courage et leur patriotisme.

CATHERINE.

Nous n'avons pas le droit de pleurer sur leur sort :
Mourir en combattant c'est une belle mort.

BEPPA.

Comme ils marchaient gaîment, tandis que la musique
Les entraînait aux sons d'un air patriotique !
Et comme ils étaient fiers de répéter en chœurs
Ce chant national qui pénètre les cœurs :

Le tambour bat, le clairon sonne
L'honneur le veut, le roi l'ordonne,
Amis, il faut partir.
La liberté qui nous éclaire
A dit : marchez sous ma bannière;
Sachez vaincre ou mourir !

Quand il s'agit de l'Italie,
La mère prie,
Le soldat crie :
Viva l'Italia bella !
Sempre viva !

Qui pourrait de ce chant dire l'effet magique ?
Il donne à tous les cœurs une ardeur sympathique.

CATHERINE.

C'est là ton sentiment !... et tu penses, vraiment,
Que c'est grâce à cet air que notre régiment
S'est avec tant d'éclat montré dans la mêlée ?

BEPPA.

Le chant que redisait l'écho de la vallée
Ce chant qu'ont ce matin dit en chœur mille voix
(Le sais-tu Catherine ?) est celui qu'autrefois
Répétaient nos soldats sous les murs de Novare !

CATHERINE.

Sans doute : mais ce n'est qu'une belle fanfare
Qu'un air italien ! ah ! ce n'est pas ainsi
Que chantaient les Français à Jemmape, à Valmy !
Les héros qu'enfantait la jeune république
Avaient, prêts à mourir, un chant plus héroïque,
Et notre peuple encore, avant l'âge vieilli,
Chaque fois qu'il l'entend s'émeut et tressaillit ;

Amour sacré de la patrie,
Conduis, soutiens nos bras vengeurs!
Liberté, liberté chérie,
Combats avec tes défenseurs!
Sous nos drapeaux que la victoire
Accoure à tes mâles accents:
Que tes ennemis expirants
Voient ton triomphe et notre gloire.
Aux armes, etc., etc.

BEPPA.

Tu parles comme doit parler une Française.
Pourtant, revendiquer ici la *Marseillaise*,
C'est un tort, car ce chant est de tous les pays :
Quand la liberté brille aux regards éblouis
D'un peuple qui gémit sous une lourde chaîne,
Des élans généreux elle rouvre la veine,
Et le chant éternel, au rythme consacré,
C'est elle qui le dicte au poëte inspiré.
Elle seule répand la lumière féconde
Qui doit de ses rayons illuminer le monde!

CATHERINE.

Peut-être as-tu raison... Mais cessons ce propos :
La nuit descend des monts, c'est l'heure du repos.
Nous qui représentons le Piémont et la France
Sachons sans discuter garder notre alliance;
Regagnons le bivouac et la main dans la main,
Côte à côte dormons, Beppa, jusqu'à demain.

Près d'un feu pétillant, bientôt les vivandières
Trouvèrent le sommeil sur un lit de bruyères.
Pleines de confiance et de sérénité,
Rêvant de leur pays et de la liberté,
L'une disait : *Amour sacré de la patrie !*
L'autre, fidèle encore à sa chanson chérie,
Répondait, endormie, au lointain *qui va là ?*
Par ce refrain : *Viva l'Italia bella !*

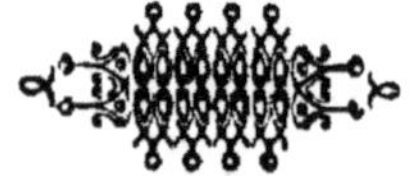

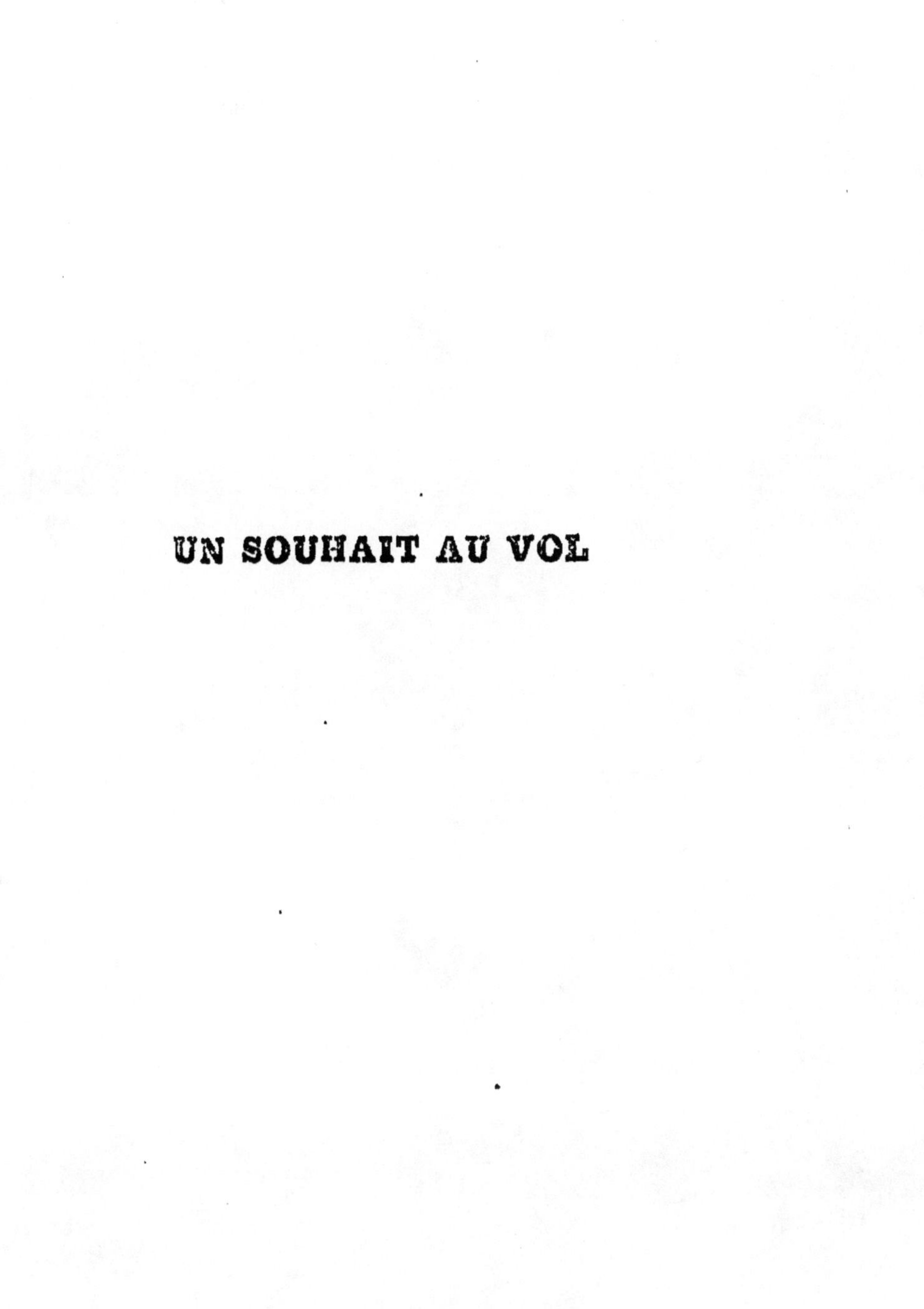

# UN SOUHAIT AU VOL

*A Mademoiselle A.*

***

# UN SOUHAIT AU VOL

## SOUVENIR DE MILAN

Février 1860.

L'ardeur des soleils éclatants
N'a pas mûri la fleur aux couleurs virginales ;
Les chastes baisers du printemps
Effleurent seuls ses frais pétales ;
L'aube dépose en paix des perles matinales
Dans son calice pur que respectent les vents :
Ah ! puisses-tu, cachée en ton nid de verdure,
Échapper au sombre aquilon ;
Des insectes crains la piqûre,
Crains les larcins du papillon !
Que jamais une main profane
Ne s'approche, écartant le feuillage discret,
De ta corolle diaphane,
Qu'un souffle, une ombre ternirait !

# LA CONFESSION DE MADAME FLICHMANN

CONTE

EN DEUX PARTIES

# LA CONFESSION DE MADAME FLICHMANN

## CONTE

---

Connaissez-vous Flichmann ? C'est un singulier homme ;
Vous pourriez bien aller de Paris jusqu'à Rome,
Courir tous les pays qu'éclaire le soleil,
Sans trouver son pareil.
Il est vif, courageux, taquin, rien ne l'arrête,
Et quoiqu'il ait d'ailleurs une mauvaise tête,
Qu'il abuse du sans-façon ;
On dit souvent de lui : c'est un charmant garçon.
Il n'est pas grand, mais sa taille est bien prise ;
Son visage est ouvert ; en causant, sa main frise

De longs cheveux luisants et bouclés avec art,
Qui semblent, sur son front, retomber au hasard.
Dans ses favoris noirs un reflet bleu se joue ;
La santé fleurit sur sa joue,
Et s'il ouvre la bouche, il fait voir en riant
L'éclat éblouissant de perles d'Orient.
Sa petite stature annonce la faiblesse,
Mais il ne manque pas de force et de souplesse :
Léger comme le vent,
Il sait comme un serpent
Glisser entre les mains qui cherchent à l'étreindre.
Au moral, voulez-vous que j'essaie à le peindre?
Personne n'a jamais douté qu'il ait du cœur :
Mais son esprit mordant, sarcastique et moqueur
Ne connait pas de frein et raille tout le monde ;
Il lâche à tout propos la bride à sa faconde,
Et, l'amour-propre aidant,
A force de parler, il devient fatigant.
Sans se douter qu'il puisse avoir l'air ridicule,
Il s'anime bientôt, s'agite et gesticule ;
Tout Allemand qu'il est, il s'échauffe si bien
Qu'à le voir et l'entendre il semble Italien.

Des serments il a la manie,
Et, crainte de tomber dans la monotonie,

Il jure tour à tour en termes triomphants
Sur la tête de ses enfants,
Sur les cheveux sacrés d'un oncle, d'une tante,
Ou d'un autre parent, qu'à plaisir il invente...
Sur le sceptre du roi...... Sans aller jusqu'au bout,
Disons tout simplement qu'il jure un peu sur tout.
Il ment effrontément, ce n'est pas un mystère ;
Mais le trait qui le mieux peindra son caractère,
Son éternel dada,
C'est la prétention qu'il a
De n'être en aucun cas la dupe de personne
Et de connaître à fond tout ce qui l'environne.
Sa pénétration n'est jamais en défaut :
Le subalterne en bas, le supérieur en haut
Se serviront en vain du mensonge vulgaire :
Comme le solitaire,
Il connait tout, il voit tout, il sait tout,
Et son regard de lynx sait se glisser partout.
Aussi sa défiance est passée en proverbe :
Il dit souvent avec un sérieux superbe
Qu'un baiser de sa femme ou la main d'un ami
Ne le trouve jamais que d'un œil endormi !
Flichmann a le cœur bon, mais, toujours excentrique,
Il excelle à donner la forme dramatique

Aux élans spontanés de générosité
Que dicte un sentiment plein de sincérité :
Son geste théâtral et sa pompeuse phrase
Ont l'ampleur magistrale et la bruyante emphase
Des matamores de roman.
Voilà notre héros ; je n'ai plus à présent
Qu'à vous dire qu'il est sévère, impitoyable
Pour la faute et pour le coupable
D'ombre et d'impunité qui veulent se couvrir ;
Il est grand comme Dieu devant le repentir.

La femme de Flichmann est une fine mouche,
Qui sait peser les mots qui tombent de sa bouche ;
Connaissant son mari sur le bout de son doigt,
Elle use à son égard d'un subterfuge adroit.
Si Flichmann apprenait que l'épouse infidèle
Brûle pour un amant d'une ardeur criminelle,
Bien vite il laverait son honneur dans le sang.
Or, au lieu d'un amant, madame en aura cent.
De tromper son époux elle sait la manière
Et ne craint pas d'user d'une franchise entière,
Et notre original, qu'on sait si chatouilleux,
Sourit en écoutant ces étranges aveux.
Ce que c'est cependant que de bien se connaître !
Flichmann veut avant tout n'être pas pris en traître ;

Tant qu'il soupçonnera qu'il peut être trompé,
La crainte de passer pour un mari dupé
Le rendra querelleur, hargneux, insupportable;
Dès qu'il a tout appris, il redevient aimable !

Un vague sentiment sans cause et sans raison
Avait rempli son cœur d'un éternel soupçon;
Il avait vainement espionné sa femme
Sans la trouver jamais sujette au moindre blâme,
Quand un jour celle-ci, pâle et baissant la voix,
Lui dit : « Flichmann, il faut m'écouter; cette fois
« Je n'abuserai plus de ta chère tendresse.
« Ma conscience veut qu'à toi je me confesse.
« Et, quel que soit l'arrêt qu'à tes genoux j'attends,
« Je ne saurais te tromper plus longtemps.
« J'aime mieux ta colère.
« Je fus, je te l'avoue, imprudente et légère,
« Et j'ai pu certain jour.....
« — Achève !
« — Punis-moi !
« Car je fus infidèle et j'ai trahi ma foi !
« Naguère, en ton absence,
« Notre voisin Bontemps fit tant qu'en conscience
« A lui tenir rigueur j'eus beau m'évertuer...
« — Bontemps! le misérable! Ah! je vais le tuer!

« — Flichmann ! la colère t'égare ;
« De ton généreux sang montre-toi plus avare.
« Aller te battre ! y penses-tu ?
« *Si je n'avais rien dit, va ! tu n'aurais rien su !* »

Cette simple parole
Fait réfléchir Flichmann, le calme et le console.
« — Pauvre femme ! dit-il en poussant un soupir,
« Je sens qu'un tel aveu doit te faire souffrir !
« N'importe ! j'oublîrai ! ta confiance est sainte.
« — Hélas ! si c'était tout ! Mais il me faut sans feinte
« Te confesser ici toute la vérité :
« Le petit Isaac, un soir de cet été,
« M'a peint en traits de feu sa tendresse brûlante ;
« L'air était embrasé, l'atmosphère enivrante ;
« Son front était paré des grâces du printemps :
« Il n'avait que vingt ans !
« Sous le sombre bosquet quand il m'eut entraînée,
« J'écoutai, malgré moi, sa voix passionnée ;
« Que te dirai-je, enfin ; nous fîmes un faux pas,
« Je tombai dans ses bras !.....
« — C'est dur ! mais après tout cette franchise est rare,
« Je n'ai pas le dessein d'être un époux barbare ;
« Donc, sans reproches superflus,
« Je pardonne ! ne pèche plus !

« — Mon Dieu ! de ta bonté faut-il donc que j'abuse !
« Encor si je pouvais invoquer une excuse !.....
« Puisque j'ai commencé, je dois te dire aussi
« Que ton ami Mathieu, qui loge près d'ici,
« Mathieu, ce grand garçon à l'air fat et bellâtre,
« Un soir que j'étais seule, au sortir du théâtre,
« M'a remenée à la maison ;
« Il parvint à troubler mes sens et ma raison !!.....

. . . . . . . . . . . . . . . . . .

Bref, usant à son gré de la même tactique,
Elle continua son récit érotique ;
Si bien que sous les yeux de l'époux offensé
Toute la rue avait passé.
Flichmann, lui, souriant, disait : « Sublime femme !
« Je comprends, désormais, la grandeur de ton âme !
« Ta franchise loyale et ta sincérité
« Égalent au moins *ta bonté;*
« Est-ce tout ?...
Cet aveu fait rougir mon visage !
« Sache que de l'amour mon sein garde le gage.....
« — Plus un mot ! c'est assez ! cet enfant est à moi !
« Je ne puis résister à tant de bonne foi !
« Ta confiance en moi me touche et m'émerveille !
« Peut-être à cet enfant manque-t-il une oreille...

« Il est à moi, te dis-je, et pour mieux le prouver,
« Nous allons sans retard, ma chère, l'achever. »

. . . . . . . . . . . . . . . . . . . . . . . . . . . . . . . . .

. . . . . . . . . . . . . . . . . . . . . . . . . . . . . . . . .

Flichmann se consolant bien vite à sa manière
Se disait : si je suis un héros de Molière,
Sûr de mon fait, du moins, je ne suis pas trompé.
Je sais tout ; comme moi, de pareil sort frappé
Quel homme marié n'a plus d'inquiétude,
Et d'être ce qu'il est a bien la certitude ?
Tous mes amis LE sont et ne le savent pas !
On ne me dupe point ! libre, exempt d'embarras,
Lorsque l'aveuglement leur fait une auréole,
En voyant leur malheur du mien je me console.
Ils regardent sans voir ; moi, je le dis tout haut,
Ma pénétration n'est jamais en défaut !
Voilà ce que pensait Flichmann : sa fantaisie
Donnait à son malheur un peu de poésie ;
Il aimait à montrer en toute liberté
Son perspicace esprit, sa générosité.

Du dada marital notre femme profite,
Le succès l'encourage et règle sa conduite,

Tous les torts désormais qu'on peut lui reprocher,
A quoi bon les cacher ?
Elle va bonnement, sans fard et sans mystère,
Les conter en détail à l'époux débonnaire :
L'indulgence à sa faute et le pardon sont dûs !
Flichmann a confiance et ne surveille plus !
Un jour, elle pleurait. Dans l'Allemagne entière
On entendait sonner la trompette guerrière.
Flichmann allait partir !

Or, l'époux la voyant prête à s'évanouir,
Le front pâle et penché, les yeux baignés de larmes,
Caressait du regard sa douleur et ses charmes ;
« — Calme-toi, disait-il, enfant, je reviendrai ! »
Elle lui répondait d'un ton désespéré :
« — Mon ami je l'espère !
« Mais la cause, vois-tu, de ma douleur amère,
« Ce n'est pas ton départ ;
« L'aide-de-camp Jérôme, hélas ! avec toi part.....
« — Quelle femme admirable !
Dit Flichmann radieux ; d'honneur ! c'est incroyable !
« Jamais un cœur humain n'eut pour la vérité
« Un culte plus fervent ; si la fragilité
« Est de ton sexe l'apanage,
« Nulle autre comme toi n'a le noble courage

« D'avouer son mépris et sa répulsion.
« Pour la dissimulation :
« Oh ! va, je t'ai comprise.
« Je suis digne de ta franchise !
« Les femmes que souvent dans le monde je voi ;
« Sont plus belles peut-être et plus jeunes que toi ;
« Mais c'est toi (ma parole ici n'est pas suspecte),
« Toi seule qu'à jamais mon cœur aime et respecte. »
Flichmann partit joyeux,
Et toujours convaincu qu'il n'est pas sous les cieux
Un homme moins crédule,
Il ne craint pas le ridicule ;
Certes, ce n'est pas lui qu'on trompe comme un sot !
(Tout le monde sait bien comme il entend le mot)
Aussi dit-il vingt fois chaque jour : « Sur mon âme,
« Ma femme, mes amis, est une honnête femme ! »

Ce ménage pourra paraître singulier ;
Il est un trait particulier
Qu'il faut cependant peindre encore :
Flichmann aime sa femme, et sa femme l'adore.
Monsieur vit au dehors, madame a des amants,
Et pourtant au milieu de leurs égarements,
Ils conservent encore une humeur fort jalouse ;

Flichmann vient chaque soir rejoindre son épouse
Et c'est pour tous les deux un plaisir sans égal
Que de se retrouver sous le toit conjugal.
Se content-ils alors l'emploi de la journée?
J'en serais étonnée,
Car si je m'en rapporte à ce que l'on m'a dit,
Quand Vénus, la brillante étoile, au ciel luit,
Pour remplacer la guirlande fanée,
Ils couvrent d'autres fleurs, l'autel de l'hymnée;
Reposant côte à côte et la main dans la main,
Ils s'endorment, rêvant un pareil lendemain.

# LE CRIME DE ZÉLIE

## 2me PARTIE

***

Flichmann adore sa maîtresse ;
Celle-ci le payant d'une égale tendresse
Est à lui tout entière, et l'aime éperdûment !
C'est un couple charmant !
Voulez-vous en deux mots le portrait de Zélie?
Elle est jeune et jolie!
On vante son bon cœur,
Son esprit vif, aimable et finement moqueur;
Et ceux-là seulement qui ne l'ont pas comprise
Se plaisent à blâmer sa trop grande franchise
Et son penchant à l'excentricité!
Sans doute elle n'a pas fait vœu de chasteté,
Et ce n'est pas une rosière ;

Mais, vertueuse à sa manière,
Elle ne prend jamais qu'un amant à la fois !
Que madame Flichmann effeuille en vingt endroits
Les amoureuses fleurs d'une ardeur passagère,
A ses yeux ce n'est qu'une affaire
De bizarre caprice et de tempérament,
Et sans la condamner elle agit autrement.
Zélie est loin d'être parfaite,
Elle est femme et partant coquette ;
Mais la légèreté
Chez elle ne veut pas dire infidélité.

Son amant est le seul qu'elle aime,
Et pour mieux être aimée, elle veut elle-même
Lui conserver intact son cœur et son amour.
Flichmann l'aime ardemment, comme le premier jour ;
Mais, caressant toujours sa chère fantaisie,
Il cherche sans raison matière à jalousie
Et veut toujours écarter de la main
Le noir fantôme, assis au milieu du chemin.
C'est sa monomanie,
Et personne n'échappe à cette tyrannie !

« — Il faut tout m'avouer, lui dit-il quelquefois ;
« Sois confiante, tu le dois !
« J'entendrai tes aveux sans courroux, sans surprise,

« Mon pardon est d'avance acquis à ta franchise.
« — Tu te moques de moi,
« Cher ami, j'ai toujours été franche avec toi.
« Les fautes qu'il faudrait, selon toi, que j'avoue
« Ne feront pas monter la rougeur à ma joue !
« Seul tu possèdes mon amour !
« Je saurais, sois en sûr, tout dire sans détour,
« Si quelque chose avait chargé ma conscience :
« Pourquoi cette injustice et tant de défiance?
« Le présent est à nous !
« Et l'amour partagé n'est-il pas le plus doux ?
« Relire du passé les inutiles pages,
« Chercher si l'avenir nous promet des orages,
« C'est folie, et mieux vaut saluer aujourd'hui
« Le rayon de bonheur qui pour tous deux luit,
« Je n'ai jamais fardé mon cœur ni mon visage ;
« Si je ne t'aimais plus, va, j'aurais le courage
« De te mettre à la porte et de te dire enfin :
« Mon cher, soyons amis, à partir de demain ! »

Zélie, en lui parlant avec ce ton sincère
Ignore de Flichmann l'étrange caractère.
Un autre, en se sentant sincèrement aimé,
Bannirait les soupçons et serait désarmé.
Mais lui qui froidement se met martel en tête,

Prend ombrage de tout, il se fâche et tempête;
Son esprit défiant, ses éternels soupçons
Amènent chaque jour mille discussions.
Zélie est indignée et pleure!
Notre Flichmann, si gai, si charmant tout à l'heure,
Fait le sourcil froncé vingt sottes questions.
N'écoute ni serments ni protestations;
Enfin, lorsqu'il n'a plus de prétextes plausibles,
Sa fureur se traduit en scènes impossibles.
« Tu me trompes! dit-il souvent,
« Tes paroles! autant en emporte le vent!
« Tu ne me prendras pas par ta fausse assurance!
« Ma femme a mieux que toi droit à ma confiance:
« Elle a du repentir les élans généreux.....
« Ah! si tu le voulais, que nous serions heureux! »
Zélie a bien des fois subi pareil outrage,
Pourtant à sa manière elle veut être sage,
Et son cœur à Flichmann fidèle restera
*Tant qu'elle l'aimera.*
Mainte autre, plus adroite,
Aurait, sans pour cela quitter la route droite,
Assuré son bonheur et sa tranquillité
Au prix d'un peu de fausseté;
Mais son âme sincère et sa franche nature

Abhorrent le mensonge autant que l'imposture.
Un jour, poussée à bout,
Elle sentit ses yeux dessillés tout à coup :
Il lui sembla que l'ange de Tobie
Révélait la lumière à sa vue éblouie ;
Elle comprit comment de son amant jaloux
Un aveu, quel qu'il fût, calmerait le courroux :
« — Cher Flichmann, lui dit-elle, à tes pieds ta Zélie
« Pleurante, le cœur gros de remords, s'humilie !
« Ta pauvre amie, hélas ! s'est laissée entraîner.....
« (Au repentir tardif pourras-tu pardonner?)
« Lorenzo m'a ravi..... dans une heure de fièvre.....
« Un baiser que je sens encor chaud sur ma lèvre.....
Flichmann l'interrompant, la serre dans ses bras :
« — Noble femme ! grand cœur ! dit-il, n'achève pas !
« Ta franchise t'absout ! ton inexpérience
« Trouvera dans mon sein des trésors d'indulgence !
« J'en suis sûr ! désormais nul ne me trompera !..... »
Il continue ainsi grimpé sur son dada !
Et cependant Zélie avait fait, pour lui plaire,
D'une faute fictive un conte imaginaire ;
Le désir de le rendre à la sérénité
Arrachait un mensonge à sa sincérité !

Depuis ce temps, Flichmann, sa femme et sa maîtresse

Unis par les liens d'une triple tendresse,
Sont de l'aveu de tous les gens les plus heureux
Qu'ait jamais abrités la calotte des cieux.
Notre homme, qui sait tout et de grand cœur pardonne,
A le calme serein d'une âme juste et bonne.
Il se drape, au milieu de la société,
Dans un pompeux manteau de générosité.

De ce double *crayon* il faut, je crois, conclure
Qu'en faisant à chacun sa part, dame nature
A gardé le bonheur pour les originaux :
Quand le travail stérile épuise les cerveaux,
Le regard attristé se promène à la ronde,
Et le poëte qui ne trouve dans le monde
Que des fous et des sots
Préfère la marotte et le bruit des grelots !

Gênes, mars 1857.

# LA SENSITIVE

# LA SENSITIVE

A M. Sainte-Beuve

De mai les brises embaumées
Soufflent après un long hiver,
Et leurs haleines parfumées
Font éclore mes fleurs aimées
Dans mon jardin devenu vert.

La violette la première
Du printemps chante le réveil,
Et la nature tout entière
S'abandonne, amoureuse et fière,
Aux tièdes baisers du soleil.

Hier pourtant triste et souffrante
Luttant contre le souvenir,
Moi, j'assistais indifférente
A cette promesse enivrante
Du doux été qui va venir.

Et quand sous la jeune feuillée
Les oiseaux déjà revenus
Chantaient, moi seule, désolée
Je suivais mon âme envolée
Vers des rivages inconnus.

Que ma rêverie était douce !
Mes yeux erraient, inattentifs,
Du vieux toit verdi par la mousse
A la ravenelle qui pousse
Au bord des odorants massifs.

Mais voici que belle et pimpante
Comme une étoile dans l'azur,
M'apparut une fleur grimpante
Dont la tige croît et serpente
Dans les interstices du mur !

Elle dressait son pur calice
Sur un fût droit comme un roseau,
Et sa corolle large et lisse,
Sans que rien la gêne ou la plisse,
S'arrondissait comme un arceau.

La fleur hier épanouie
Resplendissait dans sa blancheur,
La vue en était éblouie,
Et l'âme y trouvait, réjouie,
Un peu de calme et de fraicheur.

Une larme de la rosée,
Traçant son humide sillon,
Sur le pistil s'était posée,
Et tremblotait là, caressée
Par un fécond et chaud rayon.

Pour cueillir cette fleur si belle
Ma main, indiscrète, avança,
Lorsque m'effleurant de son aile,
Enfant de la saison nouvelle,
Un papillon me devança.

Qu'il était brillant ! Sur sa tête
Hardie et libre en son essor
Se balançait la double aigrette ;
Sa robe nacrée et coquette
Avait le fauve éclat de l'or.

Ses larges ailes déployées,
Brunes avec un reflet vert
Et de jaunes taches striées
Avaient les flammes variées
De l'étincelle qui fend l'air.

Ivre de vie et de lumière,
Que cet insecte était heureux !
Il voltigeait, la mine fière,
Se dandinant à la manière
D'un poëte ou d'un amoureux.

Il effleura ma main brûlante,
Et, glissant à travers mes doigts
Comme une perle étincelante,
Se posa sur la fleur tremblante
En maître jaloux de ses droits.

Sur la corolle ainsi froissée
Un frisson me sembla courir ;
Sous ce léger poids affaissée
On eût dit une âme blessée
Qui comprend qu'elle va souffrir.

Mais le papillon, tête folle !
Ne vit pas ce frémissement ;
Comme un frelon dans l'alvéole
Sur la virginale corolle
Il s'étala nonchalamment.

Il prit à la fleur offensée
Pollen et parfum précieux,
But à la goutte de rosée,
Et puis, son aile reposée,
Il repartit insoucieux.

La fleur repliant son calice
Tout à l'heure frais et charmant,
Sur sa tige vivace et lisse
Se pencha comme un froid cilice
Et se fana soudainement.

Hélas ! me dis-je alors pensive,
C'est toujours le même sillon
Qu'il faut que l'on creuse et qu'on suive :
Tout meurt comme la sensitive
Sous les baisers du papillon !

L'amour, cette éphémère flamme,
Dévore et parfum et bonheur ;
Puisqu'en passant il brûle l'âme,
Faut-il que le cœur de la femme
Meure de même que la fleur ?

Pourtant des brises embaumées
Soufflent après un long hiver,
Et leurs haleines parfumées
Font éclore mes fleurs aimées ;
Mon beau jardin est déjà vert !

# MARIE ET MARION

# MARIE ET MARION

IDYLLE

MARION DELORME.
MARIE, novice.
UNE VIEILLE RELIGIEUSE.

**LE PARLOIR D'UN COUVENT.**

---

MARION.

Sous ces habits de bure et sous ce voile austère,
Dans cette ombre pieuse, asile tutélaire
Qui s'étonne peut-être aux accents de ma voix,
Est-ce toi, mon enfant, ma compagne chérie,
Ma sœur des jours heureux, ma joyeuse Marie,
Que pâle et résignée aujourd'hui je revois?

MARIE.

Est-ce toi, Marion? C'est le Seigneur, sans doute,
De ce cloître béni qui t'a montré la route!
Tu ne me réponds pas!... parle, dis! est-ce toi?
Est-ce la grâce qui, touchant ton âme tendre,
Aux pieds des saints autels où j'ai voulu t'attendre
T'a ramenée enfin pour prier avec moi?

MARION.

As-tu donc pu, Marie, oublier qu'à ton âge,
A ton regard d'azur, à ton charmant visage
L'avenir souriait magique et radieux?
Tandis que la splendeur du monde te réclame,
Consacrer ton printemps au salut de ton âme
N'est-ce pas commettre un sacrilége odieux!

MARIE.

Je me trompais! hélas! l'illusion s'envole!
Ah! cesse, Marion, ce langage frivole!
Nous ne partageons plus les mêmes sentiments.
De tendresse pieuse et d'espoir enivrée,
Je ne te voyais pas mondainement parée
De soie et de velours, d'or et de diamants!

MARION.

Que veux-tu, mon enfant! je comprends ta surprise.
Mais je rêvais le monde, et le monde m'a prise.

J'ai des perles au front, des fleurs; il le faut bien!
Je suis femme, et partant désireuse de plaire;
Pour mon luxe d'habits ne sois pas trop sévère;
Si c'est un esclavage, il vaut mieux que le tien!

MARIE.

Aux prestiges menteurs de la vie arrachée,
C'est l'amour du Seigneur, vois-tu, qui m'a touchée;
Un céleste rayon à mes yeux a lui!
Peut-être, comme toi, de roses couronnée
Au plaisir j'eus livré ma vie abandonnée....
Mais Dieu, dans sa bonté, m'a rappelée à lui!

MARION.

Bien souvent, au milieu de nos fêtes splendides,
Ta pensée a mouillé mes paupières humides,
Songeant à ta beauté, je me disais : Pourquoi,
Quand le monde s'empresse à m'offrir son hommage,
Quand maint regard d'amour me salue au passage,
Pourquoi Marie est-elle aujourd'hui loin de moi?

MARIE.

Aux pieds de ma patronne humblement prosternée
(Cette distraction, Dieu l'a-t-il pardonnée?),
Que de fois j'ai pensé qu'un heureux repentir
Pourrait à mes côtés te ramener, ma chère!

Mais le bon Dieu n'a pas exaucé ma prière,
Puisque rien en ces murs ne peut te retenir !

MARION.

Ne parlons pas de moi !... c'est un hasard propice
Qui dirige mes pas, pour que ton sacrifice
Ne s'accomplisse point : la divine bonté
A créé pour les champs des blés la moisson blonde,
Pour les jardins les fleurs ; mais elle laisse au monde
La jeunesse et l'amour, la grâce et la beauté !

MARIE.

Tout passe ! La jeunesse et l'éclat du visage !
Tu le sauras un jour ! La vie est un passage
Où le rapide hiver suit le rapide été !
Et les regrets tardifs qu'apportent les années
Voient grandir le cyprès près des roses fanées !
Ma pauvre Marion, songe à l'éternité !

MARION.

Ah ! Marie, autrefois, quand ta mère orgueilleuse,
Te berçant au refrain d'une chanson joyeuse,
Te regardait dormir, enfant, sur ses genoux,
Elle ne croyait pas que son espoir ! sa fille
Irait vivre et s'éteindre à l'ombre d'une grille,
Dans un cloître glacé, derrière des verroux !

MARIE.

Ta mère, l'œil fixé sur ton joyeux visage,
Espérait voir fleurir pour un meilleur usage
La grâce, la candeur l'esprit et la bonté !
Mais du rêve entrevu la brillante auréole,
Le rayon décevant.... une existence folle
Dans le gouffre du monde a tout précipité !

MARION.

Ne laisse pas ainsi se flétrir ta jeunesse,
Pour toi la vie encore est pleine de promesse.
A la prière au lieu de consacrer tes jours,
Viens chercher du plaisir la douce poésie,
Les femmes, vois-tu bien, mourront de jalousie
Quand viendront sur tes pas se presser les amours !

MARIE.

Repens-toi, Marion, il en est temps encore :
Les plaisirs inconnus qu'en secret l'âme adore,
Le bonheur pur est vrai, Dieu seul peut le donner !
C'est sa bonté divine et sa grâce infinie
Qui nous font vers le ciel une route aplanie ;
Heureux qui peut à temps se faire pardonner !

MARION.

Tu rêves, mon enfant, et ta raison s'égare !
Pourquoi cette prison, ce costume bizarre

Et ce voile de deuil qui cache ta beauté ?
Ce n'est point pour cela que Dieu donne à la femme
La splendeur du visage et les trésors de l'âme,
Les attributs humains de la divinité !

MARIE.

C'est le mauvais esprit qui t'aveugle et t'abuse !
Il parle par ta voix, je reconnais sa ruse
Et son orgueil maudit qui ne veut pas plier !
Retourne donc au monde où le plaisir t'appelle ;
Moi qui ne pense plus qu'à la vie éternelle
Dans ce cloître béni pour toi je veux prier !

Pars ! peut-être au seuil de cette sainte porte
T'attend de tes amis la brillante cohorte !
Boissac, Saint-Evremont, Cinq-Mars et Villarceaux !
Mais un jour, si, pliant sous ta mondaine chaîne,
Tu peux te repentir comme fit Madeleine,
Reviens ! je t'attendrai sous ces pieux arceaux !

Le ciel garde au pécheur des trésors d'indulgence,
Et lorsque du pardon on garde l'espérance,
Il n'est jamais trop tard pour revenir à Dieu !
Nous pourrons nous revoir si la grâce te touche,

Mais un pénible mot doit tomber de ma bouche,
Et ce mot, Marion, c'est : A jamais adieu !

*(Marie sort.)*

MARION.

Marie ! encore un mot ! ne t'en va pas ! écoute !....
Hélas ! elle a déjà disparu sous la voûte !
Rien ne peut l'arracher à son dessein fatal...
Mais je la sauverai malgré sa résistance.
Et j'irai, s'il le faut, invoquer la puissance
De notre roi Louis Treize et du grand cardinal...

LA RELIGIEUSE *(l'interrompant)* :

Ne dites pas cela ; vous avez tort, madame :
Pour entraîner Marie et prendre au ciel une âme
Vous supplieriez en vain le minstre et le roi !
Notre maître est plus fort que les grands de la terre ;
Ce n'est qu'à ses élus qu'il donne la prière,
La résignation, l'espérance et la foi.

# LETTRE EN VERS A UN AMI

# LETTRE EN VERS A UN AMI

En lui envoyant une canne faite de la peau d'un Serpent.

---

Dans la campagne, hier, je m'en allais songeuse ;
En vain autour de moi, la nature joyeuse
Au printemps de retour empruntait sa splendeur ;
En vain tout rayonnait de vie et de lumière,
J'avais devant les yeux la perfide vipère
Qui voulut me percer le cœur.

Elle, que j'accueillis d'envie à demi morte,
Malgré mes bons amis qui la mirent à la porte ;
Elle, qui fut mon hôte et qui mangea mon pain ;
(Hélas ! bêtes et gens ont souvent l'âme vile)
J'ai reconnu trop tard quel dangereux reptile
J'avais réchauffé dans mon sein.

L'odieux souvenir de tant de perfidie
A mis un voile noir sur mon âme engourdie ;
Mon cœur n'écoute plus la voix de la raison,
Je me vois de méchants sans cesse environnée ;
Je retrouve partout la trace empoisonnée
De son indigne trahison !

Je me disais cela, quand tout à coup dans l'herbe
Où l'humble paquerette et les bluets en gerbe,
Marient leur verte tige et leurs fraiches couleurs,
Sous mes pas j'aperçus une couleuvre bleue,
Déroulant lentement les anneaux de sa queue :
Un serpent courait sous les fleurs !

Elle rampait tranquille, insoucieuse et fière,
Du soleil printanier l'éclatante lumière
Prêtait à sa cuirasse un reflet miroitant,
Son passage au gazon ne laissait pas de trace
Et mon pied effleuré par elle avec audace,
S'arrêta soudain frémissant.

Chose étrange, à l'effroi moi qui suis résignée,
Moi qui tremble et pâlis devant une araignée,
Je ne me laissai pas, cette fois, effrayer ;

Ce qui me trouble, c'est l'image détestée
De ce monstre odieux dont l'haleine empestée
Vicia l'air de mon foyer.

Je n'eus pas peur ; voyant la couleuvre si belle,
Involontairement je me penchai vers elle,
Je saisis doucement sa tête entre mes doigts ;
Puis, découvrant mon bras et relevant ma manche,
Sous les rebelles plis de la dentelle blanche
Je l'enroulai cinq ou six fois.

Oh ! le beau bracelet ! Les perles de Golconde,
Les merveilleux rubis, chers aux femmes du monde,
N'ont point ces feux rosés, cet éclat sans pareil !
Du plus pur diamant la flamme étincelante
Eût semblé pâle auprès de l'écaille brillante
Où se mirait le gai soleil.

A ce jeu la couleuvre avait semblé se plaire,
Nonchalante et docile elle se laissait faire ;
On eût dit qu'elle allait s'endormir sur mon bras,
Clignotant sa paupière humide et demi-close.
Comme le papillon qui sur un lis se pose,
A mordre elle ne songeait pas.

Allons, pensai-je alors, la prudente nature
N'a pas toujours au mal voué la créature
Dont la beauté séduit et captive les yeux ;
C'est au milieu de nous, sous nos toits, dans le monde,
Qu'elle exerce, en rampant, sa malice profonde ;
La couleuvre vaut encor mieux.

Je revins au Chalet emportant ma capture ;
Chacun s'extasia sur l'étrange parure
Que faisait à mon bras ce vivant bracelet.
On vantait son éclat, sa souplesse et sa grâce ;
Mais c'était mon courage ou plutôt mon audace
Dont surtout on s'émerveillait.

On apporta du lait : la bête apprivoisée,
Vers la coupe remplie, auprès d'elle placée,
Déroulant ses anneaux, se dirigea rampant ;
Mais la dernière goutte était à peine bue,
Qu'ivre de son régal, la couleuvre repue
S'était transformée en serpent.

Elle se redressa terrible et menaçante,
Et soudain, oubliant, dans sa rage impuissante,
Que ses morsures n'ont ni danger ni venin,

Une seconde fois à mon bras enlacée,
Elle me mordit, moi qui l'avais caressé :
Ses dents déchirèrent ma main.

A cette agression sauvage, inattendue,
De colère et d'effroi frémissante, éperdue,
Cédant à la surprise autant qu'à la douleur,
Je m'assis un instant sur le siége ou naguère
Venait se reposer chaque soir la vipère
Qui tenta de me mordre au cœur.

Quel singulier hasard ! c'est à la même place
Que toutes deux, luttant de bassesse et d'audace,
Voulurent accomplir leur lâche trahison ;
Sur ce même fauteuil, le serpent domestique
Et la fille des champs, la couleuvre rustique
Ont sur moi versé leur poison.

Après tout, c'est la loi ; demandez à la rose
Des parfums enivrants, à la fleur fraîche éclose
Un printanier sourire, à l'oiseau des chansons,
Mais défendez-vous bien d'illusion vulgaire :
Il ne faut espérer, hélas ! de la vipère
Qu'ingratitude et trahisons.

J'aurais béni le ciel s'il m'eût donné la joie
De frapper le serpent sous sa robe de soie,
D'écraser sous mes pieds le reptile hideux ;
Ma rancune eût voulu punir le double crime ;
Mais, hélas ! je n'ai pu frapper qu'une victime
Ah ! celle-là paya pour deux !

J'appelai mes valets... sans pitié, sans faiblesse
Je la fis écorcher. Ma fureur vengeresse
Ordonna que son corps fût mis en vingt lambeaux.
La peau lisse couvrait une chair dégoûtante,
Qui fut abandonnée, encore palpitante,
Au bec vorace des corbeaux.

Enfin sous cette peau, tiède encore et sensible,
Je fis glisser un jonc nerveux, souple et flexible,
De la sévérité l'emblème et l'instrument ;
Cette vengeance-là m'était due et permise,
Et j'ai souffert assez pour qu'ainsi j'éternise
La mémoire du sentiment.

Je t'offre cette canne, ô François ! puisse-t-elle
Te rappeler toujours qu'une femme cruelle
Fut plus perverse encor qu'un méchant animal.

Pour moi, je souffre peu d'une simple morsure,
Mais mon cœur maudira longtemps la créature
Qui sut nous faire tant de mal.

POST-SCRIPTUM.

Pomereu lit ces vers par-dessus mon épaule ;
A la canne il veut, lui, substituer la gaule,
Et demande qu'ici j'ajoute un vers final.
« Que puisse donc un jour se briser, il l'espère,
« Le dernier souvenir d'une femme vipère
« Sur le dos de l'original ! »

## VARIATIONS

SUR LE THÈME D'UN POÈTE.

# VARIATIONS

## SUR LE THÈME D'UN POÈTE

Toi qui donnas ton âme et ta fraîche jeunesse
A ce cœur enivré, qui ne bat que pour toi,
Peux-tu sans blasphémer, te défiant de moi,
Douter de ma tendresse?
Chasse, oh! chasse bien loin le doute injurieux;
Aux serments que j'ai faits je resterai fidèle;
Et s'il t'en faut encore une preuve nouvelle,
Interroge mes yeux.

Cherchant un nid aimé, la blanche tourterelle
Que caresse et chérit la vierge encor enfant,
Se pose et se tapit dans son sein palpitant;
Lucile, fais comme elle.

Le calice des fleurs, pendant l'ardeur du jour
Est un asile sûr offert à la rosée ;
Ne regrette donc pas de t'être reposée
Sur mon cœur plein d'amour !

Si d'une trahison payant la confiance
De ce cœur innocent qu'un soupçon a blessé,
Sous un masque menteur, moi ! j'avais abusé
Ta candide innocence,
Dans le joyeux jardin où l'oiseau gazouilleur
Célèbre le retour du printemps et voltige ;
Si ma main arrachait à la flexible tige,
Le bouton et la fleur,

Je veux être entraîné sur la pente fatale
Qui du vieil Ixion vit l'éternel tourment,
Et j'appelle sur moi l'horrible châtiment
Du malheureux Tantale !
Il avait mérité le Tartare et l'enfer
Celui qui poursuivait d'une adultère flamme
Junon, reine des dieux, et la sœur et la femme
Du puissant Jupiter !

Mais, moi, plus criminel et plus coupable encore,
Je voudrais que le ciel fît plus pour me punir :
Si j'étais assez lâche, assez fou, pour trahir
L'amante que j'adore,
Je consens, et cela sans maudire mon sort,
A supporter les maux d'une longue torture
Sans que mon cœur faiblisse ou que ma voix murmure
Et demande la mort!

Je veux être couché dans la verte campagne,
Pieds et mains attachés, à l'ombre, sur le dos,
Et goûtant, malgré tout, le calme et le repos
Qu'un doux rêve accompagne.
Un arbre s'étendra sur mon front en arceau,
Et moi, je resterai, sans bouger, sur ma couche
Tandis qu'approchera sans cesse de ma bouche
Un merveilleux rameau.

Tourmenté par la soif et plein de convoitises,
Sans plus penser aux torts que je dois expier,
Je verrai tout à coup sous le poids des cerises
Le vert rameau plier !

O miracle ! Ces fruits sont des lèvres de femme
Qu'entr'ouvre en s'envolant un sourire vermeil,
Et qu'effleure gaîment un rayon de soleil,
Brillant d'or et de flamme !

Quand le rameau promis est prêt à s'abaisser,
Mon sang reflue au cœur, je frémis, j'ai la fièvre :
Il se penche... va-t-il apporter à ma lèvre
Un frais et doux baiser ?
Hélas ! il se balance et tout à coup s'arrête ;
Il s'agite, se courbe et vers moi penche encor,
Puis se redresse enfin et reprend son essor
Au-dessus de ma tête.

Je le suis du regard, palpitant, éperdu,
M'effleurant maintenant, me fuyant tout à l'heure...
Et pendant que tout bas, je gémis et je pleure
Mon paradis perdu,
Dans l'ombre j'aperçois un malfaisant génie
Qui, voyant ma douleur, savoure avidement
Mes larmes, ma colère, et sourit méchamment
A ma longue agonie.

« C'est bien, me dira-t-il, à ton tour de souffrir !
« Les doux fruits de l'amour s'éloignent de la bouche
« Quand la profane main qui les cueille ou les touche
« Ne sait que les flétrir !
« Ainsi l'a décrété l'éternelle justice,
« Tu vivras ! mais avec des désirs impuissants,
« Toujours inassouvis et toujours renaissants :
« Ce sera ton supplice ! »

. . . . . . . . . . . . . . . .

Mais pourquoi, chère enfant, attrister nos amours
De ce rêve infernal, de cette horrible image ?
Ton cœur, comme ton front peut être sans nuage ;
Je t'aimerai toujours !
Oui, — je serai fidèle ! — et quand je te le jure,
Tu dois ajouter foi, Lucile, à mon serment.
Ne t'ai-je pas montré quel affreux châtiment
Dieu réserve au parjure ?

# RÉPONSE A UNE QUESTION

DE PONSARD

POURQUOI JE N'AIME PAS LES CHIENS

# RÉPONSE A UNE QUESTION

## DE PONSARD

Pourquoi je n'aime pas les Chiens.

Vous demandez, — ami, — pourquoi j'accueillle mal
Les caresses du chien ? — un si bon animal !
Vous demandez encor pourquoi, moi, qu'on dit bonne,
Je ne puis oublier, même quand je pardonne?
A ces deux questions une autre; assurément,
Avec de longs discours répondrait longuement ;
Moi, — j'aime mieux vous dire, en quelques mots, l'histoire
D'un souvenir lointain, resté dans ma mémoire.

Ma réponse aura donc la forme d'un récit;
Ecoutez ou lisez! — L'histoire, la voici!

C'était à l'époque où j'étais petite fille,
Au temps où nous dansions en rond sous la charmille;
Béranger quittait son humble réduit souvent,
M'apportant des bonbons au parloir du couvent.
Moi, turbulente enfant, remuante et joueuse,
Dès que je le voyais, devenant sérieuse,
J'allais timidement m'asseoir sur ses genoux;
J'aimais sa douce voix et son regard si doux,
Que j'ai vu maintes fois humide quand la cloche
M'appelait à la classe. Or, un jour, dans sa poche
J'aperçus en entrant, quoiqu'il le cachât bien,
Le museau rose et frais d'un joli petit chien.
Je tendis les deux mains vers la charmante bête,
Qui d'un air amical vers moi tournait la tête;
C'est pour moi, n'est-ce pas? dis-je en poussant un cri.
Sans me répondre rien, le poëte sourit
Et mit entre mes bras une boule de soie.
Je ne vous peindrai pas mon bonheur et ma joie;
J'embrassai Béranger vingt fois bien tendrement,
Puis avec son cadeau je partis fièrement.

C'était un petit chien de race merveilleuse,
A l'œil intelligent, à la robe soyeuse,
Un vrai king-charles blanc, tout tacheté de feu.
Aussi que je l'aimai ! que je l'aimai, mon Dieu !
De ce cher animal je devins si jalouse
Qu'il ne me quitta plus : sur la verte pelouse
Lorsque l'heure arrivait des récréations,
Seuls, tous deux, à l'écart ensemble nous jouions ;
Puis, quand il me fallait retourner à la classe,
Il avait sur le banc auprès de moi sa place,
Et je le recouvrais avec mon tablier.
La maitresse sévère avait beau m'épier,
Je l'emportais le soir, et sous ma couverture
Il se pelotonnait chaudement : je vous jure
Que je n'aurais pu fermer les yeux sans lui.
Il aurait eu si froid dans sa niche la nuit !
Que de punitions et que de pénitences
Me valurent alors mes désobéissances !
Eh bien ! ce compagnon fidèle et caressant
Un jour (le croirez-vous ?) me mordit jusqu'au sang !
C'est ainsi qu'il paya mes soins et ma tendresse.
Ah ! je fus indignée, — et sans plus de faiblesse,
Je le fis remporter sur l'heure à la maison.
L'irrévocable exil punit sa trahison !

Je grandis, — et longtemps je gardai la mémoire
De mon chien et de son ingratitude noire.
Six ans après, rentrée au foyer maternel,
Près du feu je revis, un soir, le criminel.
Il était devenu gras, poussif et maussade,
Affaissé, somnolent, frileux comme un malade !
J'accordai mon pardon au chien laid et perclus,
Et je compris alors que je ne l'aimais plus !

Or, voici maintenant ce que je veux vous dire :
Si, plus tard, dans un jour de fièvre ou de délire,
Vous songiez méchamment à me faire du mal,
N'enviez pas le sort du petit animal,
Et ne vous fiez pas à ce que je suis bonne :
C'est quand je n'aime plus, — ami, — que je pardonne !



FIN

# TABLE DES MATIÈRES

PAGES





CHAMBÉRY. — IMPRIMERIE MÉNARD ET Ce, RUE JUIVERIE.

# OUVRAGES DE MADAME DE SOLMS

EN VENTE

**Les Matinées d'Aix-les-Bains**, revue artistique et littéraire, fondée en 1858 par Madame de Solms, paraissant le dimanche de chaque semaine, et contenant toujours un dessin, gravure, charge, ou morceau de musique ; la collaboration des principaux écrivains de la France et de l'étranger est acquise à ce recueil. — Chaque livraison se vend séparément au prix de 2 fr. Il ne reste plus que 10 collections complètes des 4 volumes déjà parus, ils sont mis en vente au prix de 100 fr. brochés ; reliés richement 120 fr.

---

Chaque volume peut être acheté séparément aux prix suivants :

| | |
|---|---|
| 1re année, 1er volume, broché . . . . . . . . . | 28 fr. |
| 2e année, second volume, 1er semestre . . . | 23 » |
| 2e année, troisième volume, broché. . . . . | 15 » |
| 3e année, 1er semestre, 4e volume, broché . | 20 » |

(Chacun de ces volumes forme un ouvrage complet et indépendant des autres.)

Charges principales contenues dans ces volumes (chaque livraison en contient une) :

**Ponsard. — L'amiral Persano. — James Fasy. — Madame de Solms. — Le général Klapka. — Victor Hugo. — Georges Sand. — Ernest Crepey. — Le comte du Vornoux. — Félix Pyat. — Le vicomte Dumartray. — Le comte d'Albon. — Le comte de Gontaut-Biron. — Le baron Deslandes. — Charles Berthier, etc., etc.**

Edition sur vélin des **Fleurs d'Italie**, prix 6 francs.

[illegible]

| | |
|---|---|
| [illegible] de 21 [illegible], roman. . . . . . . . | 2 50 |
| [illegible] l'artiste, 2e édition . . . . . . . . . | 5 50 |
| [illegible], grande édition. . | 3 » |
| Alice, petit [illegible]. 12e édition. . . . . . . . | 3 50 |
| [illegible], avec portrait de l'auteur | 10 » |
| [illegible] édition, roman . . . . . . . . | 2 » |
| [illegible], etc. | 1 50 |
| [illegible], etc., avec portrait | 1 50 |
| [illegible], 2e édit. | 4 50 |
| [illegible] en vers . . | 2 » |
| [illegible], poème en 6 chants . . . . . . . | 2 50 |
| [illegible] critique biographique . . . . . . . . . . . . | 2 » |
| [illegible] par [illegible] . . | 2 » |
| [illegible] de [illegible] . . . . . . . . . . . . . . | 2 50 |
| [illegible] roman. . . . . | 2 » |
| [illegible], essai biographique . . . . . . . . . | 1 50 |
| [illegible] . . . . . . . . . | 1 » |
| [illegible], 1 volume . . . . . . . | 2 |

Les pièces ci-jointes du théâtre complet de madame [illegible] [illegible]

| | |
|---|---|
| 1. [illegible] de la [illegible], prov. en 1 acte | 1 » |
| 2. [illegible] (tirée par [illegible]), drame en [illegible] en vers | 1 50 |
| 3. Quand on [illegible] plus trop ou n'aime plus assez (tirée par [illegible]), prov. en deux tableaux. . . . . . . . . . . . . | 2 » |
| 4. [illegible], proverbe en 1 acte. . . . . . . . | 1 50 |
| 5. [illegible], essai comédie en 1 acte en vers . . . . . . . . . . . . | 2 » |
| 6. L'Écrin [illegible] la Comtesse, prov. en 1 acte . | 1 50 |
| 7. La livre de chair, pochade en 1 acte . . . . | 1 » |
| 8. Les suites d'un ménage de garçon, 1 acte. | 1 50 |
| 9. Aux pieds d'une femme, parodie du *Capitaine* en 1 acte. . . . . . . . . . . | 1 » |
| 10. L'amour se change en haine aussitôt qu'il expire, prov. en vers en 2 tableaux | 2 » |
| 11. Violoncelle et Violon, parodie en 1 acte. | 1 80 |
| 12. Le Sonnet des Confessions, prov. 1 acte | 1 » |

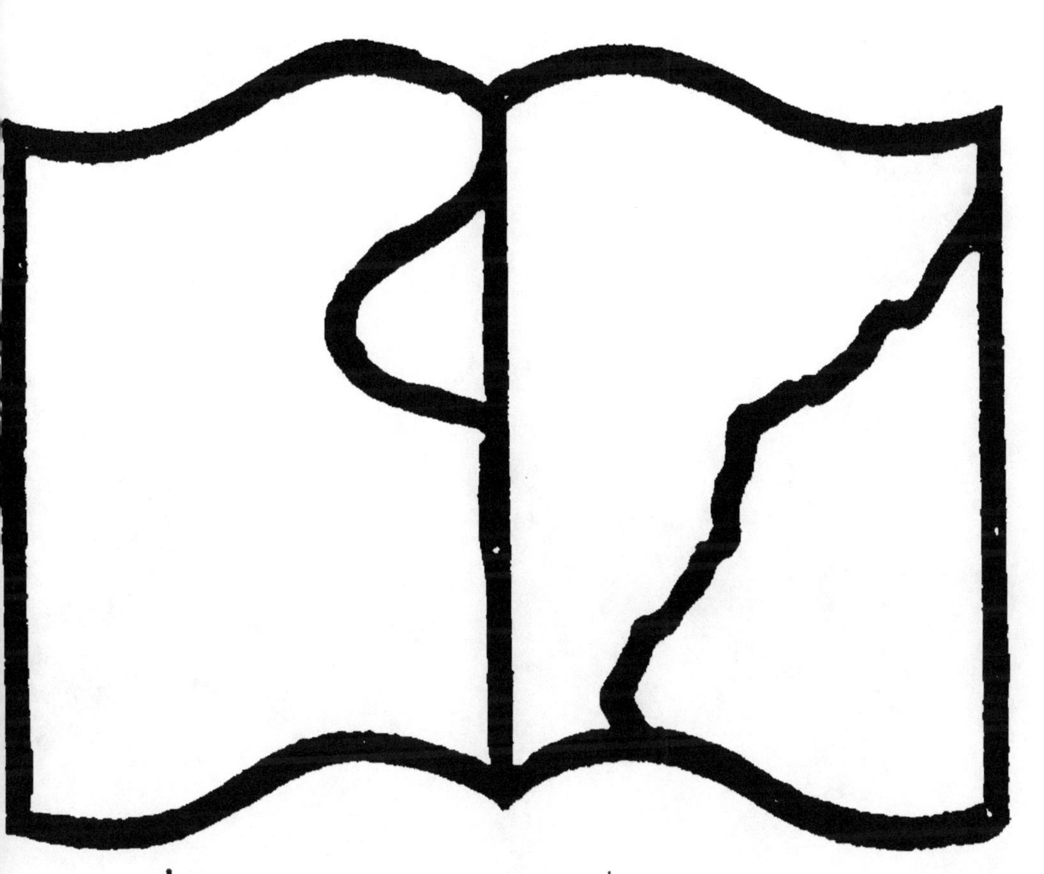

Texte détérioré — reliure défectueuse

NF Z 43-120-11

www.ingramcontent.com/pod-product-compliance
Lightning Source LLC
Chambersburg PA
CBHW060455170426
43199CB00011B/1214
*9782012663893*